Baltisch kochen

Anne Iburg

◆

Baltisch kochen

Gerichte und ihre Geschichte

◆

Verlag Die Werkstatt · Edition d i á

Die Autorin

Anne Iburg arbeitet als freie Foodjournalistin in Kaiserslautern. Sie hat bereits eine Reihe von Kochbüchern veröffentlicht, unter anderem in dieser Reihe den Band »Schwedisch kochen«. Seit 2001 besucht sie regelmäßig die jungen baltischen Republiken und ist begeistert von der natürlichen Schönheit der drei Länder und der Lebensart der Menschen. Mit diesem Buch möchte sie ein Stück Esskultur einfangen, das durch die nachvollziehbare Orientierung nach Westeuropa und die Globalisierung langsam verschwindet.

Bibliografische Information der Deutschen Bibliothek
Die Deutsche Bibliothek verzeichnet diese Publikation in der Deutschen Nationalbibliografie; detaillierte bibliografische Daten sind im Internet über http://dnb.ddb.de abrufbar.

© 2008 Verlag Die Werkstatt GmbH
Lotzestraße 24a, D-37083 Göttingen
www.werkstatt-verlag.de
Dieses Buch erscheint in der Reihe »Gerichte und ihre Geschichte« der Edition diá (www.editiondia.de)
Übersetzung ins Estnische: Ene Schmitt, Berlin
Übersetzung ins Lettische: Daina Dominiece, Riga
Übersetzung ins Litauische: Sonata Stannick, Ahausen
Alle Rechte vorbehalten

Titelfoto und Fotos im Innenteil: soweit nicht anders angegeben, Anne Iburg
Satz und Gestaltung: Verlag Die Werkstatt, Göttingen
Druck und Bindung: Westermann Druck, Zwickau

ISBN 978-3-89533-607-2

Inhalt

Die Küchen des Baltikums
Vorwort 7
Das Baltikum: Estland, Lettland
und Litauen 9
Die baltische Esskultur im Spiegel der Zeit ... 16
Festessen 20
Der Speiseplan im Baltikum 24

Rezepte
Maße und Abkürzungen 38
Suppen und Eintöpfe 39
Pfannkuchen und Eierspeisen 57
Piroggen 69
Salate 79
Gemüsebeilagen und Eingelegtes 93
Kartoffelgerichte 103
Fleischgerichte 123
Fischgerichte 149
Saucen, Dips und Dressings 163
Desserts 171
Kuchen 183
Brot 199
Getränke 205

Rezeptregister 214
Stichwortregister 223

Danksagung
Bei diesem Buch bin ich von der in Berlin lebenden Estin Ene Schmitt und der Lettin Liga Sagune tatkräftig unterstützt worden. Sie haben mich bei meinen offenen Fragen zur Esskultur ihres jeweiligen Heimatlandes beraten. Frau Schmitt hat mir freundlicherweise das eine oder andere Familienrezept überlassen und die Übersetzung der deutschen Rezeptnamen ins Estnische geprüft und ergänzt. Beiden danke ich für ihr Engagement und wünsche uns einen bestehenden Kontakt über das Buch hinaus.

Vorwort

Da stolpert schon der ein oder andere: Baltisch kochen, das geht doch gar nicht, denn *das* Baltikum existiert schließlich nicht. Das mag aus akademischer Sicht stimmen, aber im allgemeinen deutschen Sprachgebrauch sieht das anders aus. Das Baltikum ist klar definiert als die drei baltischen Republiken Estland, Lettland und Litauen. Auch wenn diese keine gemeinsame Sprache haben – der Schlüssel jeder Kultur – und eigentlich auch keine gemeinsame Küche. Doch das Ziel dieses Buches ist es nicht, die Küche der drei baltischen Länder in einen Topf zu werfen, durchzurühren und den Lesern einen guten Appetit zu wünschen.

Das Buch ist ein Versuch, einen kleinen Einblick in die Esskultur der drei baltischen Staaten zu liefern. Es erhebt nicht den Anspruch auf Vollständigkeit; trotz allen Bemühens um Objektivität sind es durchaus subjektive Eindrücke, die ich auf meinen Reisen durch die drei Länder gesammelt habe. Mit Erschrecken habe ich feststellen müssen, dass seit dem EU-Beitritt der drei Staaten sich die Esskulturen verstärkt der westlichen Welt anpassen. Das lässt sich nicht aufhalten, denn es ist ein Teil der Gegenwartsgeschichte. Doch möchte ich anregen, wenn Sie das Baltikum besuchen, doch mal das ein oder andere einheimische Gericht zu probieren. Damit leisten Sie einen wichtigen Beitrag zur Bewahrung eines traditionellen Kulturguts.

»Baltisch kochen« verspricht Ihnen die Begegnung mit einer sehr natürlichen Küche. Ich wünsche Ihnen viel Spaß beim Lesen und Ausprobieren.

Guten Appetit!
Head isu! (estnisch)
Labi apetīte! (lettisch)
Gero apetito! (litauisch)

Das Baltikum: Estland, Lettland und Litauen

In diesem Buch sind mit dem Baltikum stets Estland, Lettland und Litauen gemeint. Manches geografische Lexikon liefert eine andere Definition: »Das Baltikum ist ein östlich gelegener Teil Nordeuropas an der Ostsee. Es umfasst die westbaltischen Gebiete der Prūzzen (später Ost- und Westpreußen) und der Kuren sowie die ostbaltischen Länder Samogitien/Zemaiten, Litauen und Lettland, jeweils mit ihren Unter-Stammesgebieten.« Von Estland ist dort keine Rede, doch im allgemeinen Sprachgebrauch – so wie in diesem Buch – wird Estland dazugezählt.

Angemerkt sei, dass mit der Bezeichnung »Baltikum« auch alle an das Baltische Meer (Ostsee) angrenzenden Länder gemeint sein können. Außer dem engeren Baltikum sind dies Polen und Russland, Finnland, Schweden, Dänemark und Deutschland. Doch diese Sichtweise ist bei uns unüblich, außerhalb Europas wie in Südamerika, Afrika und Australien hingegen selbstverständlich.

Für das Verständnis der drei Küchen ist dieser Blick durchaus interessant, denn viele Gerichte sind in allen Anrainerländern der Ostsee ähnlich. Doch neben dem Gemeinsamen in Klima und Lebensbedingungen und neben den engen Handelsbeziehungen seit der Zeit der Hanse gibt es selbstverständlich auch viele Eigenständigkeiten. Manche Delikatesse finden Sie nur in *einem* Land und andere im ganzen Baltikum, wieder andere im gesamten Ostseeraum.

Estland, Lettland und Litauen – jedes Land hat seine eigene Geschichte und ist geprägt von seiner Lage. Hier im Nordosten Europas hat sich so manche Tradition erhalten. Wer die Esskultur dieser Länder verstehen will, muss sich auch mit

Die Geschichte der baltischen Staaten

deren Geschichte beschäftigen, die in erster Linie eine der Besetzungen und Befreiungen war.

Besiedelt wurde die Region vor etwa 4000 Jahren. Im 12. Jahrhundert rückt sie durch die Kolonisierung durch den Deutschen Ritterorden näher an Mitteleuropa. Über Jahrhunderte haben hier Deutsche, Dänen, Schweden, Polen und Russen ihre Spuren hinterlassen. Erst Anfang des 20. Jahrhunderts entstanden die drei selbstständigen Nationalstaaten, die nach kurzer deutscher und langer sowjetischer Besatzung erst wieder zu Beginn der neunziger Jahre ihre Unabhängigkeit erlangten.

Ein beeindruckendes Bild für das nationale Selbstbewusstsein der drei Länder, das aber auch deren historische Gemeinsamkeiten nicht vergisst, war die Menschenkette, die über eine Million Esten, Letten und Litauer bildeten: Auf den Straßen von Tallinn über Riga bis nach Vilnius – eine Strecke von 620 Kilometern – forderten sie singend ihre Freiheit. Das war am 23. August 1989, genau 50 Jahre nachdem Stalin und Hitler einen Pakt geschlossen hatten, um Osteuropa aufzuteilen.

Die drei baltischen Staaten haben seitdem über Jahrzehnte ihre nationale Würde bewahrt und sich schließlich gemeinsam wie auch im politischen Einzelkampf befreit. Es bleibt zu wünschen, dass sie unter dem gemeinsamen Dach »Baltikum« weiter nach Gemeinsamkeiten suchen und Unterschiede respektieren.

Bezieht man das historische Erbe auf die baltische Küche, stellt man fest, dass die vielen Nationen, die in dieser Region gelebt und geherrscht haben, diese direkt und indirekt, positiv wie auch negativ, beeinflusst haben.

Estland

Estland ist die nördlichste der drei baltischen Republiken. Mit mehr als 400.000 Einwohnern lebt in der Hauptstadt Tallinn etwa ein Drittel der Gesamtbevölkerung. Die Stadt liegt am Finnischen Meerbusen und ist mit der Schnellbootfähre in weniger als einer Stunde von Helsinki, der Hauptstadt Finnlands, zu erreichen. Die von beiden Seiten geförderte Nähe ist verständlich, denn die Esten gehören zusammen mit den Finnen und anderen Landsmannschaften wie den inzwischen nahezu ausgestorbenen Liven, die einst im Nordwesten des heutigen Lettlands sowie entlang des gesamten Rigaer Meerbusens lebten, zur finno-ugrischen Kultur- und Sprachfamilie.

Schon im 9. Jahrhundert vor Christus vereinten sich die Vorfahren der heutigen Esten gegen die Wikinger und errichteten ihr Haupthandelszentrum am Finnischen Meerbusen. 1030 eroberten die Kiewer Rus den Südosten des Landes.

Rückblick auf die estnische Geschichte

Auf Geheiß von Papst Innozenz III. wird 1202 ein Kreuzzug gegen die heidnischen »Balten« geführt. Der Neffe des einflussreichen Bremer Erzbischofs, Albert von Buxhoeveden (auch Albrecht von Buxthoeven), dritter Bischof von Riga, gründete den Schwertbrüderorden, der mit List und Tücke den Süden Estlands dem Christentum unterwirft. Für den Norden holt er sich Verstärkung von den Dänen. Dem dänischen König Waldemar II. gelingt es, diesen Teil des Landes zu unterwerfen, und er lässt sich 1219 in Dänenburg, dem heutigen Tallinn, nieder. 1280 tritt die Stadt der Hanse bei. Reval, wie die Stadt nun heißt, ist eine florierende Handelsmetropole. 1343 versuchen die Esten eine Revolution gegen die Vorherrschaft der Hanse. Der Aufstand wird niedergeschlagen und schwächt gleichzeitig die Hegemonie der Dänen. Frei sind die Esten aber, wie im überwiegenden Teil ihrer Geschichte, nicht, die Herrschaft übernehmen die deutschen Ordensritter, die das Land bis 1561 kontrollieren. Nach dem Niedergang der Hanse und der Auflösung des Ritterordens marschiert Iwan der Schreckliche in die baltischen Staaten ein. 1561 unterwerfen sich die Nordesten den Schweden.

1700 bricht der Nordische Krieg aus, den die Russen gegen die Schweden führen. Zar Peter der Große erobert Estland, das ihm im Frieden von Nystad offiziell zugesprochen wird.

In der zweiten Hälfte des 19. Jahrhunderts will Zar Alexander III. Estland russifizieren und unterschätzt den neu aufflammenden Nationalstolz der Esten. Mit der Eröffnung der Bahnstrecke St. Petersburg–Tallinn wird Tallinn zu einem Haupthafen des Zarenreichs.

Estland kann schließlich die Wirren des Ersten Weltkriegs und der Oktoberrevolution für sich nutzen und ruft am 24. Februar 1918 seine Unabhängigkeit aus. Es folgen die Besetzungen durch deutsche Truppen und durch die Rote Armee. Die Weiße Armee, die Finnen und ein britischer Flottenverband befreien das Land 1919. Im darauffolgenden Jahr wird Estland in den Friedensverträgen als eigenständiger Staat in den Völkerbund aufgenommen. Die Freiheit ist nur von kurzer Dauer, denn 1940 wird Estland erneut von den Russen annektiert, um 1941 wiederum von den Deutschen besetzt zu werden. Nach dem Zweiten Weltkrieg einverleibt sich die UdSSR Estland. Seit 1991 haben die Esten endlich die Chance, in einer freien Republik zu leben.

Lettland

Lettland liegt zwischen den beiden anderen baltischen Republiken. Seine Hauptstadt Riga ist mit mehr als 750.000 Einwohnern die größte Stadt des Baltikums. Sie liegt im Nordosten des Landes nahe der Ostsee und breitet sich an beiden Ufern des größten baltischen Stroms, der Daugava, aus. Ein Drittel der Einwohner Lettlands lebt in Riga, aber nur etwas mehr als 50 Prozent der Gesamtbevölkerung sind Letten. Daneben stellen die Russen knapp ein Drittel der Bevölkerung. Die Amtssprache ist Lettisch, eine baltische Sprache, die als eine der ältesten indogermanischen gilt. Sie ist weder slawisch noch germanisch, gleicht aber dem Litauischen.

Die Volksgruppen, aus denen die heutigen Letten hervorgingen, lebten einst im Nordosten und Osten Lettlands sowie im Norden Litauens. Zu den Letten zählen die Lettgallen und Selen (sie kamen aus dem Nordosten und Osten Lettlands), die Semgallen (sie bevölkerten den Südosten Lettlands und den Nordosten des heutigen Litauens) und die Kuren (sie besiedelten den Südwesten bis hin zur Kurischen Nehrung).

Rückblick auf die lettische Geschichte

Im 12. Jahrhundert treiben deutsche Kaufleute mit den heidnischen Stämmen entlang der Daugava Handel. 1201 wird Riga an der Daugava von Albert von Buxhoeveden gegründet. 1282 tritt die Stadt der Hanse bei.

Im 16. Jahrhundert sorgt die Reformation für Unruhen. Im Livländischen Krieg siegt Russland über Livland, und der Ordensstaat wird 1562 aufgehoben. Es entsteht das Herzogtum Kurland. 1582 fallen weite Teile Lettlands unter polnische Herrschaft. 1621 vertreiben die Schweden die Polen.

Im Nordischen Krieg 1710 erobern die Truppen des Zaren Peter des Großen Lettland. Riga entwickelt sich im Zarenreich zur drittwichtigsten Industriestadt Russlands. 1873 findet das erste lettische Sängerfest statt, und erster Widerstand gegen die Vorherrschaft beginnt sich zu regen. Sängerfeste in Lettland *(dziesmu svētki)* sind ein alle fünf Jahre wiederkehrender Höhepunkt der Sangesfreude und stehen in der Tradition der baltischen Länder, in denen auf solchen Massenveranstaltungen Geschichten und Mythen, aber auch das Nationalbewusstsein in Liedern zum Ausdruck gebracht wird. Gemeinsames Singen war im gesamten Europa des 19. Jahrhunderts Ausdruck eines bürgerlichen Selbstbewusstseins. Im Baltikum hat sich diese Tradition bis heute und in einer besonders monumentalen Variante erhalten.

In der russischen Revolution spielt Lettland eine nicht unbedeutende Rolle. Im Ersten Weltkrieg wird es von deutschen Truppen besetzt, danach rufen die Letten ihre Unabhängigkeit aus und treten in den Völkerbund ein. Die Unabhängigkeit ist nur von kurzer Dauer, auch Lettland wird von Russland annektiert, und auch hier ziehen 1941 die Deutschen ein.

Durch die Perestroika ermutigt, finden ab 1987 in Riga die ersten Demonstrationen gegen die Sowjetherrschaft statt. 1990 gewinnt die lettische Volksfront die ersten freien Wahlen. Am 21. August 1991 erhält Lettland seine politische Souveränität zurück.

Litauen

Litauen unterscheidet sich in manchen Entwicklungen von den beiden anderen baltischen Staaten. Es ist die südlichste Republik der jungen Baltikumstaaten. Ihre Hauptstadt Vilnius liegt im Osten des flächenmäßig größten baltischen Landes und hat eine andere Geschichte als die beiden Hansestädte Tallinn und Riga. Sie ist katholischer Erzbischofssitz, und so trifft man in Litauen vermehrt auf Katholiken. Einer christlichen Religionsgemeinschaft gehören die meisten »Balten« jedoch nicht an.

In Vilnius leben etwas mehr als 500.000 Menschen, und der Anteil der Litauer liegt bei unter 60 Prozent. Im Gegensatz zu den anderen baltischen Staaten leben relativ viele Polen im Land; sie machen fast 20 Prozent der Bevölkerung aus.

Rückblick auf die litauische Geschichte

In den Quedlinburger Annalen von 1008 ist »Litua« zum ersten Mal erwähnt. Die Litauer wehren sich am längsten und erfolgreichsten gegen die Christianisierungs- und Unterwerfungsversuche der katholischen Kirche und ihres verlängerten Arms, der Ordensritter. 1384 bietet der polnische Hochadel dem litauischen Großfürsten Jogaila die Herrschaft über Polen an, wenn er die zehnjährige Thronerbin Jadwiga heiraten und den christlichen Glauben annehmen würde. 400 Jahre hielt die dadurch begründete Vereinigung des Großfürstentums Litauen und des Königreichs Polen an. Alle Litauer mussten wie ihr Großfürst den römisch-katholischen Glauben annehmen. Die Vorherrschaft Roms statt der der russisch-orthodoxen Kirche hat Litauen maßgeblich geprägt und es zu einem vollständigen Mitglied des abendländischen Kulturkreises gemacht.

Der litauische Geschichtsheld schlechthin ist der Großfürst Vytautas, der zur Zeit König Jogailas als Großfürst Litauens weitgehend selbstständig regierte, 1420 siegreich eine der größten Ritterschlachten des Mittelalters – die Schlacht bei Tannenberg – führte und Litauen zu einem der größten Reiche Europas machte. Doch im Doppelreich verlor Litauen nach und nach an Einfluss. Polnisch wurde sogar Amtssprache.

Manches erinnert an das Schicksal Estlands oder Lettlands: Denn 1795 verschwindet das litauisch-polnische Reich von der Landkarte, Preußen, Russland und Österreich teilen es untereinander auf. Das litauische Stammland fällt Russland zu. Die Russifizierung wird hart durchgesetzt, beispielsweise wird das lateinische Alphabet verboten. Aber die starken Repressionen stärken das Nationalbewusstsein der Litauer eher.

Im Ersten Weltkrieg wird Litauen von Deutschland besetzt und am 16. Februar 1918 die Republik Litauen proklamiert. 1920 erkennt die Sowjetunion die Souveränität Litauens an, doch Polen besetzt kurz darauf Vilnius. Kaunas wird Hauptstadt des unabhängigen Litauens. Durch den Hitler-Stalin-Pakt wird das Schicksal des Landes erneut besiegelt. Nach dem Zweiten Weltkrieg annektiert es die UdSSR.

Ab 1988 kommt es zu großen öffentlichen Protesten gegen die Sowjets. Am 11. März 1990 erklärt Litauen seine Unabhängigkeit.

Die baltische Esskultur im Spiegel der Zeit

Die baltischen Gerichte entstammen einer naturnahen Küche. Die meisten ihrer Zutaten kommen aus der näheren Umgebung und früher ausschließlich, heute nur noch in Teilen aus dem eigenen Garten. Die Balten waren einfache und lange Zeit unfreie Bauern unter fremder Vorherrschaft und durch die Macht anderer, wie etwa der Deutsch-Balten, eingeschränkt. Die Deutsch-Balten waren Adelige, die auf mehr oder weniger großen Gütern lebten, also Landbesitzer im größeren Stil. Ihre Landtitel gehen teilweise bis ins 12. Jahrhundert zurück und waren Geschenke des deutschen Kaisers an ranghohe Offiziere (Ritter). Die einheimische Bevölkerung verdingte sich bei der deutschsprachigen Oberschicht und hatte selbst nur wenige Rechte und kaum Besitz. Ihre Küche bestand also nicht aus reichhaltigen Delikatessen, sondern aus Alltäglichem: aus viel Getreide, Kartoffeln, Kohl und Rüben, wenig Milch und Quark, Schweinefleisch und Fisch. An Festtagen gab es Bier, und auch das Wodkabrauen war den Balten nicht unbekannt.

Die Gerichte sind auch heute noch schlicht, naturnah und bodenständig – wenn man einmal von der internationalen Küche absieht, die auch hier Einzug gehalten hat.

So hängt das Essen traditionell stark von der Jahreszeit ab. Nur im Sommer kommen frische Gemüse und Kräuter auf den Tisch, im Herbst werden ausreichend Kartoffeln und Rüben in Erdmieten gelagert, um so den strengen Winter zu überstehen. Nachdem die Ernte eingeholt ist, wird geschlachtet. Jede Familie im Baltikum schätzt sich glücklich, wenn sie im Besitz eines Schweins ist. Dies kann in der kalten Jahreszeit relativ problemlos geschlachtet werden. Verwertet wird alles: Aus dem Blut wird Blutwurst hergestellt, aus Pfoten und Kopffleisch Sülze; den Schinken räuchert man, um das Fleisch haltbarer zu machen. Überhaupt existierte im Baltikum kaum ein klassischer Braten, denn Frischfleisch war nicht lange haltbar. Auch wenn Braten in anderen europäischen Kulturen als Klassiker vertreten sind, so gab es ihn hier nur als Festessen, bevorzugt im Herbst und Winter.

Im Winter wurde in den nördlichen Breiten deftiger gegessen. Der »Winterspeck« war nötig, um die Arbeit bei eisiger Kälte aushalten zu können. Typische Wintergerichte waren kräftige Eintöpfe mit mehr oder weniger großer Fleischeinlage, je nach Vermögen des Haushalts.

Im Sommer waren eher leichte Gerichte gebräuchlich. Suppen auf der Basis von Milch und Getreide wurden in der Regel dreimal täglich und ausschließlich gegessen. Die Küche in den baltischen Ländern unterscheidet sich im Wesentlichen nicht von der anderer Länder in diesen Breiten Europas. Und wenn, dann nur aufgrund der schlechten wirtschaftlichen Verhältnisse, die auch dazu geführt haben, dass sich die traditionell einfache Küche länger gehalten hat. Sie ist daher viel stärker im Bewusstsein der heutigen Generation verankert als in anderen Ostseeanrainerländern, die sich schon lange an die internationale Küche in ihrem Alltag gewöhnt haben.

Bis weit ins 20. Jahrhundert hatte die Bevölkerung im Baltikum keine Aussicht auf wirtschaftliche Prosperität wie andere, vor allem westeuropäische Staaten. Die Industrialisierung war nicht weit fortgeschritten. Die baltischen Staaten waren nach wie vor überwiegend Agrarstaaten, in denen der größte Teil des Landes im Besitz von wenigen – vor allem Deutsch-Balten – war. Die Landbevölkerung musste körperlich

Eigenständige Versorger

schwer arbeiten. Als Gegenleistung bekam sie ein Stück Land, um das Notwendigste anbauen zu können. Die Bedingungen waren so schlecht, dass viele, so sie konnten, im 19. Jahrhundert nach Amerika auswanderten, um dort ihr Glück zu versuchen.

Die Alltagsküche im Baltikum

Heute ist im Baltikum das Warenangebot, zumindest in den Städten, so groß wie in anderen europäischen Städten – und damit auch das Essverhalten sehr individuell und vom Lebensstil geprägt.

Die meisten Balten sind Städter, und es herrscht auch hier wie weltweit eine Migration vom Land in die Stadt, da dort die Chancen auf wirtschaftlichen Erfolg größer sind.

Am Wochenende genießen die Balten das Landleben, sie sind nach wie vor natur- und traditionsbewusst. An diesen Tagen wie an Feiertagen pflegen sie auch ihre Esstraditionen, wobei natürlich heute üppiger gekocht wird als ehedem.

Frühstück

Zum Frühstück gibt es traditionell Roggenbrot (Seiten 201-203) und dazu ein Glas Milch oder Getreidebreie ähnlich dem Haferschleim. Im Frühjahr, wenn die Kühe wieder reichlich Milch geben, werden die Breie auf Basis von Milch gekocht, im Winter musste früher auch Wasser reichen. An warmen Sommertagen wird die Milch zu Dickmilch verarbeitet, dann wird Brot hineingekrümelt oder eben der aufgekochte Brei eingerührt. Marmelade, Honig und Butter waren Luxus, den sich nicht alle täglich zum Frühstück leisten konnten. Auch Pfannkuchen galt und gilt als energiereiches Frühstücksgericht vor harter Feld- oder Waldarbeit.

Mittagessen

Das Mittagessen bildete die Hauptmahlzeit des Tages. In der Regel bestand es aus kargen Gerichten auf Kartoffelbasis. Pellkartoffeln (Seite 105) gab es bei vielen Familien nicht nur zum Mittagessen, sondern auch als Abendbrot: Im Frühjahr waren sie mit saurer Sahne ein Standardgericht. Im Sommer kochte die Hausfrau leichte Eintöpfe aus frischem Gartengemüse, oder auch Milchsuppen mit Gemüseeinlage (Seite 42) aus dem Garten; im Spätsommer wurde die Mittagsmahlzeit um Pilze angereichert. Und in den Wintermonaten erfreute sich die Familie an Schweinefleischeinlagen. Eine Besonderheit der baltischen Küche war und ist die Kartoffel als Beilage zu Suppen und Eintöpfen.

Ansonsten wurden Grützen gekocht und zu Mittag und Abend gegessen. Unter Grütze versteht man in den baltischen Staaten pikante Getreidebreie, die im Winter mit Schmalz und Speck angereichert werden und zu denen sauer eingelegtes Gemüse gegessen wird.

Die Balten nehmen Piroggen (Seiten 71-78) in derselben Regelmäßigkeit zu sich wie alle Völker der ehemaligen Sowjetrepubliken. Dazu braucht man in erster Linie lediglich Mehl und als Füllung das, was gerade da ist: im schlechtesten Fall nur Zwiebeln, bei gefüllter Speisekammer auch Schweinefleisch oder Speck.

Zum Abendbrot gab es Milch-, Brot- oder auch Früchtesuppen, Roggenbrot, Kartoffeln oder Grütze und dazu eingelegtes saures Gemüse (Seiten 96-98).

Abendbrot

Festessen

Zu den Feiertagen wird natürlich etwas Besonderes aufgetischt, denn traditionell gehört zu einem Festtag auch immer ein Festessen.

Heiligabend:
Jõuluõhtu (estnisch)
Ziemassvētki (lettisch)
Kūčios (litauisch)

Heiligabend wird in allen drei Ländern als Familienfest gefeiert. Ähnlich wie bei uns gehen heute auch Nichtchristen in die Kirche, um etwas von der feierlichen Stimmung zu genießen.

Auch hier werden wie bei uns heidnische Bräuche mit christlichen vermischt. In die Weihnachtszeit fällt die längste Nacht des Jahres, und somit ist das Fest ebenfalls ein Zeichen der Hoffnung, da nun die Tage wieder heller werden. In manchen Gegenden finden kleine Umzüge statt, auf denen Familien, verkleidet in verschiedenen Kostümen – von denen der Bär, das Pferd, der Kranich, der Wolf, die Ziege, der Heuhaufen, die große Frau und der kleine Mann die traditionellsten sind – und angeführt vom männlichen Familienoberhaupt, zu den Nachbarn ziehen und ein Fest feiern, mit dessen Hilfe das Böse vertrieben werden soll.

Neben dem Schenken ist an den Festtagen das Schmausen wichtig, und auch wenn in vielen Familien nicht mehr traditionell gegessen wird, existieren die Weihnachtsklassiker. Dazu zählen in Estland Schweine- oder Gänsebraten, Blutwurst oder -klöße, Sauerkraut und Kartoffeln. Marinierter Kürbis und Preiselbeersauce dürfen nicht fehlen. Genascht werden Marzipan, Lebkuchen und Schweinsohren, ein Blätterteiggebäck.

In Lettland gehört zu Weihnachten ein üppiges Festessen, zu dem ein Schweinekopf mit gestampften Getreidekörnern zubereitet wird. Dieses Essen wird *ķūķis*, *koča* oder *ķīķas* genannt – deshalb heißt der Weihnachtsabend auch mancherorts *Ķūķi*-Abend. Andere typische Speisen sind Erbsen, Bohnen und Grützwürste, die wegen ihrer rundlichen gebogenen Form als Sonnen- oder Jahressymbol betrachtet werden.

Heutzutage backen die Letten Pfefferkuchen und schmücken einen Tannenbaum, in dessen Zweigen Kerzen angezündet werden.

In Litauen aß man traditionell einen Getreide- bzw. Hülsenfrüchtebrei. Dazu wurden kleine Weihnachtskekse (Seite 195) gebacken und Mohnmilch (Seite 207) gereicht. Ein vollständiges Weihnachtsessen bestand aus bis zu zwölf fleischlosen Gerichten. Neben dem Brei, den Keksen und der Mohnmilch waren Rübensuppe mit getrockneten Pilzen, Fischgerichte wie Hecht oder Hering und Pilzgerichte typisch. Als Nachtisch gab es Äpfel und Nüsse. Preiselbeerkompott (Seite 180) oder Kompott aus getrockneten Früchten (Seite 176) zählten ebenfalls zu den Klassikern am Heiligabendtisch.

Erst am ersten Weihnachtstag kam Fleisch auf den Tisch, und dann meist sehr deftig, vom Schweinekopf bis zu den -füßen, sowie Schinken und Wurst. Zum Weihnachtsessen gehörten auch süße Brote, Kuchen und Kekse.

Am Ostermorgen standen früher die Livländer – die im heutigen westlichen Estland und Lettland lebten – noch vor dem Sonnenaufgang auf und wuschen sich in einer Quelle oder einem Bach, der nach Osten fließt, um Gesundheit und Schönheit zu erlangen. Danach beobachtete man den Sonnenaufgang. In manchen Dörfern wurden an diesem Morgen mit verschiedenen Geräuschen die Vögel gerufen und geweckt, um sich vor dem Bösen und vor Krankheiten zu schützen.

Diejenigen, die als Erste aufstanden, weckten die noch Schlafenden mit qualmenden Birkenzweigen. Dieses Ritual sollte die Fruchtbarkeit erhöhen und Gesundheit und Erfolg bringen.

**Ostern:
Ülestõusmispühad
(estnisch)
Lieldienas (lettisch)
Velykos (litauisch)**

In Lettland hat das Schaukeln am Ostermorgen Tradition und ist mit verschiedenen Fruchtbarkeitsritualen und dem Volksglauben verbunden, dass das Vieh und das Getreide dann gut gedeihen würden und dass den Schaukelnden im Sommer keine Mücken oder Bremsen belästigten. Die Schaukel darf nicht vorzeitig angehalten werden, sondern muss langsam ausschwingen.

Das Ei ist schon seit jeher bei verschiedenen Völkern ein Lebenssymbol, und auch in der baltischen Ostertradition nimmt es eine besondere Stellung ein. Vor Ostern werden in Estland und Lettland die Eier gefärbt. Sie werden gegeneinandergeschlagen, um zu sehen, welches der beiden den Zusammenstoß übersteht. Man sagt, dass derjenige länger lebt, dessen Eierschale die stärkere war.

Nicht nur gekochte und gefärbte Eier, auch das Rührei hat eine lange Tradition. Dabei wird das Ei nicht aufgeschlagen, sondern ausgeblasen. Damit das Rührei dem Genießer besonders viel Kraft und Lebenswillen verleiht, ist es in einigen Gegenden Brauch, Kräuter als Gewürz zuzugeben, die im Vorjahr am Johannisfest gesammelt wurden.

Johannisfest:
Jannipäev (estnisch)
Jāņi (lettisch)
Joninės (litauisch)

Die Sommersonnenwende hat im Baltikum noch heute Tradition, und überall können die Touristen Blumen- oder Eichenkränze kaufen. Frauen setzen sich traditionell Blumenkränze auf, während die Männer die aus Eichenlaub geflochtenen tragen.

Die in dieser Zeit gesammelten Kräuter und Wurzeln sollen besondere heilende Kräfte besitzen. Die Johanniskräuter, angeblich müssen es sieben oder neun verschiedene sein, werden zu Kränzen geflochten und als Sträuße gebunden. Wem es ganz ernst ist, schmückt mit Johanniskräutern alles, was ihm lieb ist.

Der Farn ist in Lettland eines der wichtigsten Mittsommerkräuter, dessen mystische Blüte der Legende nach nur in der Mittsommernacht aufblüht und von Liebespaaren erblickt werden kann.

Zum Mittsommerfest wird ein spezieller, mit Kümmel gewürzter Weichkäse zubereitet. Er heißt auf Estnisch *jannijuust,* lettisch *jāņa siers* oder litauisch *joninių specialus sūrio pavadinimas.* Dazu wird traditionell Bier getrunken oder Birkenwasser (Seite 209), das schon im Mai von den Bäumen gezapft wurde und nun pünktlich zum Fest gegoren ist.

An Mittsommer werden besondere, traditionsreiche Lieder gesungen. Eine wichtige Rolle spielt das Johannisfeuer, das vor Sonnenuntergang, am »Kräuterabend«, entzündet wird und bis zum Sonnenaufgang am Morgen des eigentlichen Johannistages brennt. Die Feuer werden meist auf Anhöhen errichtet: Auf einer Holzstange wird ein mit Teer beschmiertes und mit Stroh umflochtenes brennendes Holzrad hoch in die Luft gehoben. Auch werden Lampen aus Stroh oder Fackeln angefertigt und angezündet. Die Feuer haben ebenfalls Symbolwert: Sie reinigen, fördern die Gesundheit, erhöhen die Fruchtbarkeit und vertreiben alles Böse.

Der Speiseplan im Baltikum

Gerichte auf Getreidebasis

In allen baltischen Ländern wurde besonders Roggen angebaut. Für Weizen war das Klima schon fast zu rau, Gerste und Hafer gab es in geringeren Mengen für die Nahrungsmittelzubereitung.

Somit ist es nicht verwunderlich, dass das typisch baltische Brot Roggenbrot auf Sauerteigbasis (Seite 201) ist. Es gibt natürlich nicht nur *ein* Brotrezept, doch typisch ist, dass fein geschrotetes Roggenvollkornmehl verwendet und als Sauerteig angesetzt wird. Zur besseren Verdauung wird der Brotteig mit Kümmel angereichert. Es handelt sich in der Regel um frei geschobenes Brot, das also nicht in einer Backform hergestellt wird. Heute haben Brote von ein bis zwei Pfund die typische Größe, früher waren sie durchaus größer. Weißmehlbrote sind im Baltikum eher die Ausnahme. Traditionell galten sie als eine Besonderheit nur zu Feiertagen. So ist die Brezel aus Weizenmehl (Seite 193) ein typisches Festtagsgebäck, bei dem der Teig meist mit Zucker oder Honig gesüßt wird und auch mit Rosinen oder Mandeln angereichert sein kann.

Neben Brot war lange Zeit der Getreidebrei das typische Getreidegericht. Dazu wurde geschroteter Roggen mit Wasser aufgekocht und gesalzen. Wer sich Luxus leisten konnte, besserte den Brei mit Milch, saurer Sahne, Joghurt oder Honig auf.

Eine Besonderheit der estnischen Küche ist Kama (Seite 181). Um es zuzubereiten, bedarf es einer Mehlmischung aus Getreide und Erbsen. Dabei ist das Getreide sehr grob gemahlen, fast geschrotet. Es wird in Dickmilch oder Milch eingerührt, anschließend schmeckt man es mit Salz, Zucker, Honig, Marmelade oder auch Kompott ab. Jede Familie hat ihr eigenes Rezept.

Mal ist Kama fast dicklich wie ein Brei, mal fast flüssig wie eine Milchsuppe. Kamamehl sollte man sich aus Estland oder Finnland mitbringen, denn anderswo kann die Beschaffung schwierig werden.

Neben Brot und Brei sind im ganzen Baltikum Teigtaschen sehr beliebt. In Estland heißen sie *Pirukad,* in Lettland *Pīrāgi* und in Litauen *Pyragėliai* und ähneln nicht nur in der Sprache Piroggen: Es sind Hefeteigtaschen, die unterschiedlich gefüllt sind. Klassisch sind Füllungen mit Speck oder Hackfleisch und Zwiebeln. Mit Kraut gefüllt, sind sie ein Klassiker. Reis als Füllung findet man am häufigsten in Estland. Auch in Lettland sind mit Reis gefüllte Piroggen anzutreffen, während in Litauen diese Variante nahezu unbekannt ist. Piroggen werden klassisch gefüllt mit allem, was die Vorratskammer hergibt. Pilze und Möhren sind daher eher unüblich, modern ist das Füllen mit Lachsfilet. Und ob man nun Piroggen mit Ananas und gekochtem Schinken nach dem Vorbild einer Pizza Hawaii füllen und probieren muss, bleibt jedem selbst überlassen …

Teigtaschen kennt man in wohl allen Kulturen, und es ist daher schwer zu sagen, wer sie erfunden hat. Doch kann ihr Rezept seine russischen Wurzeln nicht ganz verleugnen, und die Balten übernehmen es von dort gerne in ihre Küchen. Piroggen sind ein praktischer Snack für zwischendurch.

In Lettland zählen *Pīrāgi,* gefüllt mit Speck und Zwiebeln (Seite 74), zu den Nationalgerichten. Und an einem kalten, verregneten Tag schmecken sie auf der Hand so lecker, dass keine Schlechtwetterlaune entstehen kann.

Die Litauer haben neben den Piroggen auch die Pelmeni (Seite 135) aus der russischen Küche übernommen. Die Herkunft dieses Gerichts lässt sich ebenso wenig eindeutig belegen, denn

Teigtaschen

auch in Polen sind die den schwäbischen Maultaschen oder italienischen Ravioli ähnlichen Nudeltaschen sehr beliebt. Und da Polen und Litauen über einige Jahrhunderte ein gemeinsames Reich bildeten, bleibt wohl ungewiss, wer welches Gericht von wem übernommen hat. Das ist auch nicht entscheidend, denn bei Rezepten gibt es im eigentlichen Sinne keinen Erfinder, der darauf ein Patent hätte. Um es »landestypisch« zu nennen, ist eigentlich nur wichtig, dass viele Menschen in einer Region es gerne und regelmäßig essen.

Blätterteig und Plunderteilchen

Auch Blätterteig-Pasteten findet man im Baltikum in sehr viel größerer Auswahl als bei uns. Sie werden mit Ragout gefüllt, gelten als Symbol für herrschaftliches Essen und sind ein Überbleibsel aus der Zeit der Deutsch-Balten. Gegen sie und ihre Sitten und Gebräuche gibt es große Vorbehalte, und auch wenn von daher keiner zugeben will, dass er Blätterteig-Pasteten gerne isst, muss sie doch irgendjemand kaufen. Denn Deutsch-Balten gibt es nicht mehr, und Touristen essen sie vermutlich nicht in den Mengen, in denen sie hergestellt werden. Die süße Variante, Plundergebäck, ist mit den Dänen und Schweden nach Estland gekommen; Esten und Letten lieben sie besonders. Plundergebäck könnte man daher schon als einen süßen Vertreter des Ostseeraums bezeichnen. Natürlich gab es früher dies Gebäck nicht jeden Tag, nur die Oberschicht in den jeweiligen Ländern konnte es sich leisten.

Rüben und Kohl

Aufgrund der kurzen Sommerzeit ist die Auswahl an Gemüse nicht groß.

Rüben waren lange Zeit der wichtigste Vertreter. Sie wurden zusammen mit Getreide zu Brei gekocht. Als Hauptnahrungsmittel bekam die Rübe Konkurrenz von der Kartoffel, doch geriet die Steckrübe insbesondere in Estland

Der Speiseplan im Baltikum

nicht in Vergessenheit. Dort findet man sie sowohl als Einlage in Suppen als auch als Salatrohkost. Neben der Steckrübe wurden auch Rote Beten, Rettich, Radieschen, Sommerrüben und Möhren angebaut. Weiß- und Rotkohl waren ebenfalls in jedem Gemüsegarten zu finden.

Ein Teil des Weißkohls wird nach wie vor zu Sauerkraut verarbeitet, das sich im ganzen Baltikum großer Beliebtheit erfreut. Neben dem Einsatz als klassische Beilage sind Sauerkrautsuppen (Seite 45) beliebt. In Estland und Lettland wird das Kraut auch gerne mit Getreideschrot vermengt verzehrt. Sauerkraut wird in den Küchen des Baltikums äußerst kreativ eingesetzt.

Kartoffeln

Die Kartoffel kam erst Mitte des 18. Jahrhunderts ins Baltikum und trat wie überall in West-, Ost- und Mitteleuropa ihren Siegeszug an. Kartoffeln wurden neben Brot zum wichtigsten Grundnahrungsmittel und lösten die zentrale Rolle der Rübe bei warmen Gerichten ab.

Gurken und anderes Gemüse

Gurken – eingelegt als Essiggurken – zählen zu den Standardbeilagen im Baltikum. Die Anzahl der Rezepturen ist groß, und das Warenangebot an eingelegten Gurken zum Beispiel in den Markthallen in Riga überfordert beim Einkauf beinahe.

Auch anderes Gemüse wie Rote Beten, Kürbis und Pilze wurden im Sommer und Herbst in Laken eingelegt und eingekocht, damit man über die kalten und langen Wintermonate einen Vorrat hatte.

Hülsenfrüchte bzw. grüne Erbsen

Hülsenfrüchte, allen voran die Erbsen, stellten lange Zeit ein wichtiges Grundnahrungsmittel dar. Sie wurden, genau wie die Bohnen, angebaut, geerntet und getrocknet, um die Familie über den Winter zu bringen. Die ältere Generation weiß noch davon zu berichten. Der Platz im Gemüsegarten wurde erweitert, indem die

Erbsen außerhalb des Grundstücks entlang der Holzzäune ausgesät wurden und später daran hochrankten. Waren die Schoten fast trocken, wurden die Erbsenkerne aus ihnen befreit; sie trockneten dann weiter auf Holzstiegen und lagerten später in Leinensäcken.

Grüne Erbsen, verarbeitet in Form eines leichten Eintopfs, waren im Hochsommer eine Delikatesse aus dem eigenen Garten. Erbsen als Beilage zu Fleischgerichten waren nicht wirklich typisch für das Baltikum, denn es fehlte das Stück Fleisch, das sie zur Beilage gemacht hätte.

Wald- und Wiesenfrüchte Neben dem Gemüsegarten spielen Pilze eine große Rolle. Sie wachsen in den Wäldern und auf den Wiesen in einigen Landesteilen in unvorstellbar großen Mengen. Im ganzen Baltikum findet man Pfifferlinge und Champignons sowie Steinpilze. Auch Grünlinge stehen an manchen Stellen so dicht, dass man sie am liebsten mit einer Sense abernten würde. Rotbraune Milchlinge, Butterpilze, Tintlinge sowie Birken- und Fichtenreizker findet man überall in der weitgehend unberührten Natur. Da für die Landbevölkerung Pilze eine Art Fleischersatz waren, sind sie wahre Pilzkenner und wissen genau zwischen giftigen und Speisepilzen zu unterscheiden. Da für sie das Pilzesammeln überlebenswichtig war – und für einige Menschen auch heute noch ist –, sind Pfifferlinge und Steinpilze in ihren Augen keine Delikatesse, sondern Alltagskost, die mühsam geerntet, geputzt und zum größten Teil getrocknet wird. Zur Pilzzeit isst man frisch gebratene Pilze aus der Pfanne; in der übrigen Zeit werden getrocknete Pilze in Suppen verkocht oder eingemachte zu Kartoffeln gegessen.

Neben Pilzen bietet der Wald jede Menge Beeren. Unter Kiefern und Birken findet man Blaubeeren, Preiselbeeren, Kronsbeeren und Moosbeeren. Recht häufig sind auch die kleinen Walderdbeeren anzutreffen. In Küstennähe spielt Sanddorn eine nicht unerhebliche Rolle. Aus all diesen Beeren werden Marmeladen und Kompotte gekocht.

Darüber hinaus werden auch im Baltikum Obstbäume kultiviert. Äpfel-, Birnen- und Pflaumenbäume sind bis heute in den Obstgärten zu finden.

Johannisbeeren, Stachelbeeren und Rhabarber zählen ebenfalls zu den heimischen Obstsorten. In einigen Regionen in Lettland und Litauen ist übrigens die Herstellung von Obstweinen äußerst beliebt. Insbesondere Beeren werden traditionell vergoren.

Honig hat noch heute einen hohen Stellenwert im Baltikum. Lange Zeit war er das einzige Süßungsmittel. Kuchen und Kekse mit Honig haben das ganze Jahr über Saison und sind nicht nur ein Weihnachtsartikel wie teilweise bei uns. Für guten Honig sind die baltischen Staaten bekannt.

Imkerei

Angeln ist an den Küsten der ländlichen Regionen Volkssport, und viele Balten sind perfekt in der Zubereitung von Fisch. Das Schuppen und Ausnehmen ist für sie ein Kinderspiel. Auf dem Land, an größeren Seen und an der Küste, sieht man in einigen Gärten einen Räucherschrank zum Räuchern von Fisch. Ist er in Betrieb, hat die Nase schon längst den typischen Geruch von brennendem Holz und geräuchertem Fisch wahrgenommen, und mit etwas Geschick und Diplomatie kann man an eine Kostprobe gelangen.

Große Mengen an Fisch wurden früher gesalzen und luftgetrocknet, sodass Stockfisch in allen baltischen Ländern als bekannt gelten kann; noch heute kann man traditionell getrockneten Fisch im Ganzen kaufen. Doch das Trocknen ist eher die Ausnahme, denn das Ma-

Fisch

rinieren und Räuchern von Fisch ist die überwiegende Methode der Konservierung. Neben geräuchertem Aal und Forelle findet man hier eine viel größere Auswahl an Räucherfisch, wie zum Beispiel geräucherte Scholle. Natürlich hat auch das Angebot an Frischfisch zugenommen, und da Süßwasserfisch eine größere Rolle in der Küche des Baltikums spielt, findet man in allen großen Supermärkten oder Markthallen, die sich seit dem EU-Beitritt am Rande der baltischen Städte angesiedelt haben, Frischwasserbecken mit lebenden Fischen. Eine Auswahl, die uns Deutschen im Supermarkt fremd ist und ein wenig an Frankreich, Italien oder Spanien erinnert.

Aus den Flüssen und Seen holen die Balten noch immer reichlich Fisch: vom Hecht über Lachs, Forelle und Brachse bis hin zum Zander. Beliebt und weit verbreitet ist der Aal, bevorzugt in geräucherter Form. Er gilt auch im Baltikum als wahre Delikatesse. Karpfen und Forellen werden ebenso wie anderswo in Teichen in großem Stil gezüchtet und gemästet.

Der Nationalfisch der Esten

Der Nationalfisch der Esten aber ist der Strömling. Mit diesem heringsartigen Fisch identifizieren sich die Esten am stärksten. Der *kilu* wird bevorzugt als Konserve verkauft. Eine Spezialität aus diesen kleinen Strömlingen wird in einer Dose verkauft, auf der die Silhouette von Tallinn abgebildet ist. *Kilu* sind über die Landesgrenzen hinweg ähnlich berühmt wie die Kieler Sprotten. Der *räim* (großer Strömling) und der Hering sind die meistgefangenen Fische an der estnischen und lettischen Ostseeküste. Heringsgerichte sind sehr beliebt, und die Balten wissen ausgezeichnet mit dem Fisch umzugehen. Roh, gesalzen, in Marinaden eingelegt, als Häppchen oder gerollt – die Auswahl ist unendlich groß.

Rosolje (Seite 91), ein Heringssalat mit Roten Beten, ist das estnische Nationalgericht. Damit er möglichst dem Originalrezept entspricht, muss er aus Salzheringen und Roten Beten bestehen; ob noch Kartoffeln, Gurken oder Ei, saure Sahne oder Mayonnaise untergemischt werden, bleibt dem Koch überlassen.

In Lettland ist der Rollmops (Seite 157) das Heringsgericht, das man probieren sollte. Falls sich die Gelegenheit ergibt, auf Kohle gebratene frische Heringe (Seite 158) zu verkosten, sollte man nicht lange zögern. Sie schmecken vorzüglich und lassen sich in der Grillsaison auch zu Hause ausprobieren.

Typisch für Lettland ist das Neunauge. Dabei handelt es sich um einen schlangenartigen Fisch, der in den Flüssen ganz Europas vorkommt, doch aufgrund der schlechten Wasserqualität und der vielen Staustufen sehr selten geworden ist. Die lichtscheuen Neunaugen ziehen im Frühjahr die Flüsse hoch und werden dann mithilfe von Reusen gefangen. Neunaugen werden in Lettland seit jeher nur zu besonderen Anlässen aufgetischt. Bis heute kann sich längst nicht jeder Lette den Fisch leisten, und man sieht sie auch nur äußerst selten im Verkauf. Sie sind Pflichtzutat im berühmten Rigaer Kartoffelsalat (Seite 89). Neunaugen verdanken ihren Namen übrigens den vielen seitlichen, kreisrunden Kiemenöffnungen, die wie Augen aussehen. Sie erinnern an Aale, sind aber biologisch betrachtet keine Fische, sondern fischähnliche, rundmaulige Wirbeltiere.

Lettische Neunaugen

Der Hering gilt auch in Litauen als Spezialität. Doch da nur ein kleiner Teil des Landes direkten Kontakt zur Ostsee hat und die Metropole Vilnius im Landesinneren liegt, haben Süßwasserfische wie Karpfen oder auch Schleien in vielen Landesteilen als traditionelles Essen einen höheren Stellenwert.

Hering: eine Spezialität in Litauen

Fleisch und Geflügel

Wenn im Baltikum Fleisch auf den Tisch kommt, ist dies in der Regel Schweinefleisch. Das Hausschwein hat hier ebenso wie in ganz Mitteleuropa eine lange Tradition. Wer es auf dem Land zu Wohlstand gebracht hatte, besaß zumindest ein Hausschwein, das im Herbst geschlachtet wurde. Die meisten Fleischspezialitäten bestehen aus Schweinefleisch und sind eng verbunden mit den traditionellen Zubereitungsmöglichkeiten. Fleisch wurde gesalzen, geräuchert oder eingekocht.

Eine Delikatesse im ganzen Baltikum sind Blutwürste. Es gibt sie in den verschiedensten Varianten, und sie bestehen nicht nur aus Fleischresten und Blut; je nach Familienrezept wird unter den Wursteig zum Beispiel auch Roggen untergemengt.

Die »Rauchsauna«

In Estland ist (gebratene) Blutwurst mit Sauerkraut (Seite 134) eine Landesspezialität, auch in Lettland ist diese Art der Blutwurstzubereitung bekannt und beliebt. In Litauen wurde traditionell am Schlachttag aus dem Blut eine Suppe gekocht, die dem in Norddeutschland und Polen bekannten Schwarzsauer ähnlich ist.

Eine weitere Spezialität sind Sülzen. Sie werden aus Kopf, Pfoten und anderen knochenhaltigen und damit gelatinereichen Fleischstücken zubereitet. Für die Wohlhabenden war Kalbssülze etwas ganz Besonderes, sie durfte vor allem auf der Weihnachtstafel nicht fehlen. Für Lettland ist Speck typisch – so zählen graue Erbsen mit Speck (Seite 125) und Piroggen mit Speck (Seite 74) zu den Nationalgerichten der Letten.

Schinken wird im Baltikum in erster Linie geräuchert. Die Keulen kommen nicht nur in den Rauchfang, sondern in die »Rauchsauna«. Sie ist eine Kammer, in der ein Steinofen ohne Schornstein mit trockenem Holz beheizt wird. Der Rauch zieht in die Kammer, und das Fleisch kann dort über einen Zeitraum von vier bis fünf

Kenner des Baltikums schwärmen nicht nur von der unberührten Natur wie etwa der Dünenlandschaft an der Kurischen Nehrung (Litauen), sondern auch von den unzähligen Angelmöglichkeiten an der Küste und den Seen.

Landwirtschaft wie zu alten Zeiten im Memelland in Litauen – in allen baltischen Staaten wird besonders Roggen angebaut, aus dem das typische braune Brot auf Sauerteigbasis hergestellt wird.

In der Markthalle von Riga: Honig hat noch heute einen hohen Stellenwert im Baltikum und ist für seine gute Qualität in ganz Europa bekannt.

Eine Delikatesse in allen drei Staaten sind Blutwürste. Je nach Familienrezept wird zum Beispiel auch Roggen untergemengt.

Speckpiroggen: das lettische Nationalgericht.

Große Mengen an Fisch werden seit jeher gesalzen und luftgetrocknet, sodass Stockfisch im gesamten Baltikum regelmäßig auf dem Speiseplan steht.

In beinahe jedem baltischen Garten an der Küste und den Seen findet sich ein Räucherschrank.

Tagen räuchern. Nach dem Räuchern des Schinkens wird der aufgeheizte Raum kurz durchlüftet und dient anschließend als Sauna, denn die Wände und der Steinofen geben noch genügend Restwärme ab. So war der Raum in den Wintermonaten die Woche über eine Räucherkammer für den Schinken und am Samstag eine Sauna für die Familie.

Jeder Haushalt stellte früher Wurst selber her. Dauerwurstwaren sind weit verbreitet, sie zeichnen sich durch einen hohen Fettgehalt aus und hingen traditionell im Rauchfang. Diese Würste waren weniger fürs Brot denn als Fleischbeilage für Eintöpfe und Getreidebreie gedacht.

Neben Schwein wird natürlich auch Geflügel gegessen. Enten und Gänse sind in Lettland und Litauen äußerst beliebt und werden gern an Sankt Martin oder auch als Weihnachtsbraten gegessen. Kalb und Rind sowie Lamm waren eher der wohlhabenden Schicht vorbehalten.

Das Baltikum ist heute noch für jeden Jäger ein reizvolles Gebiet. Denn die Wildbestände sind hier – natürlich abhängig von der Region – reich und vielfältig. Dem Jäger laufen nicht nur Reh, Hirsch, Elch und Wildschwein vor die Flinte, auch Bären und Wölfe findet man in den Weiten des Baltikums. Bären-, Hirsch- und Wildschweinbraten sollte man vor Ort einmal probieren. Doch die Balten kennen keine wirklich traditionellen Wildrezepte. Jagen war ein Privileg der reichen Landbevölkerung – das waren zumeist die Deutsch-Balten – und dem einfachen Landmann strengstens untersagt. Die Jagd war ein gesellschaftliches Ereignis. Es ging natürlich auch um das Fleisch und das Fell der Tiere, doch das Wichtigste für den Jäger war die Trophäe. Geweihe von Hirschen und Elchen, Eckzähne von Keilern und Bärenköpfe fanden sich an den Wänden der Jagdzimmer der schlossartigen Anwesen wieder.

Wild

Jagdrecht – ein Privileg der Deutsch-Balten

Milch, Quark und Käse

Jaanikäse für Gesundheit und Kraft

Milchprodukte spielen im Baltikum eine große Rolle und werden mancherorts auch als »weißes Gold« bezeichnet. Milch war zum einen ein nahrhaftes Getränk, zum anderen Grundlage für Getreidebreie. Im Sommer wurde Milch dickgelegt, das heißt, sie wurde in tiefe Teller oder Schüsselchen gefüllt und verdickte durch die Wärme. Ein Großteil der Milch wurde gebuttert oder zu Quark verarbeitet, aus dem dann Käse hergestellt wurde. Eine typisch baltische Sorte ist der Jaanikäse, der speziell für das Johannesfest zubereitet wird und um den sich viele Anekdoten ranken. Er ist sehr weich und hat keine Rinde. Oft wird er pur oder mit Kümmel verkauft, doch sollen dem echten Jaanikäse neun verschiedene Kräuter beigemischt werden. Der so zubereiteten Spezialität werden besondere Kräfte zugeschrieben: Sie soll ihrem Genießer im kommenden Jahr Gesundheit bringen und Kraft geben.

Baltischer Käse ist rindenfrei und sehr mild im Geschmack, es gibt ihn in unterschiedlichen Größen, von handgroß bis zu einem Durchmesser von 30 Zentimetern. In der Regel ist der Käse flach und wird in vielen Restaurants gegrillt angeboten. Meist enthält er Kümmel, schmeckt leicht und hat eine etwas säuerliche bis nussige Note. Er ist ein ideales Abendessen und liegt nicht schwer im Magen. Übrigens hat der Tilsiter seinen Ursprung in Sovetsk, einer heute russischen Stadt an der Grenze zu Litauen. So wundert es nicht, dass baltische Käse wie Tilsiter eine feine Lochung haben; sie sind aber milder im Geschmack.

Saure Sahne passt zu allem, sie ist eine Universalzutat in allen drei baltischen Küchen. Saure Sahne kann man pur zu Kartoffeln essen, mit ihr lassen sich kalte Dips, Salatsaucen und warme Saucen verfeinern. Auch manches Dessert braucht etwas davon, um erst richtig gut zu schmecken. Sie ist im Baltikum nicht nur mit zehn Prozent Fettgehalt wie bei uns im Supermarkt zu finden, sondern kann durchaus 20 Prozent und mehr aufweisen. Wenn man also zu Hause die Rezepte nachkochen und nicht gerade mit dem Fett haushalten muss, sind Crème fraîche und Creme double der baltischen sauren Sahne meist näher als ihre deutsche Schwester.

Gewürze und Kräuter

Salz und Pfeffer sind die Grundgewürze der baltischen Küchen, dicht gefolgt vom Kümmel. Der gehört ins dunkle Roggenbrot und macht Sauerkrautgerichte bekömmlicher. Kümmel wird im Baltikum mancherorts separat zu einer Käse- oder Fleischplatte serviert und passt vorzüglich zu den deftigen und einfach gewürzten Gerichten. Er wächst wie Dill in diesen Breiten und ist deshalb auch für jedermann einfach zu erwerben bzw. zu ernten. Mit Dill wird nur über die Sommermonate gewürzt, dann rundet er den Geschmack von kräftigen Salaten und mariniertem Fisch ab. Ansonsten werden Lorbeer und Wacholder an Fleischgerichte gegeben und mit Zimt manche Süßspeise aufgewertet.

Bier und Spirituosen

Bleibt noch die Frage, mit was man im Baltikum anstößt. Mit Krimsekt? Nein, das ist verdächtig und hat den Beigeschmack alter Zeiten. Die Balten sind Biertrinker und Wodkabrenner. Das Bierbrauen verstehen sie ausgezeichnet, und es hat eine lange Tradition. In Estland ist das bekannteste Bier Saku Originaal. Es stammt aus der Firma Saku, deren Geschichte bis auf das Jahr 1820 zurückgeht. Damals wurde die Brauerei und Schnapsbrennerei von Gutsbesitzer Karl Friedrich Rehbinder gegründet; Ende des 19. Jahrhunderts war sie eine der bekanntesten Brauereien Estlands.

Mit der Besetzung Estlands durch die Sowjets wurde die Brauerei wie alle Betriebe verstaatlicht, doch Saku blieb eines der beliebtesten Biere im Baltikum. Wer einen feucht-fröhlichen Ausflug nach Saku in der näheren Umgebung von Tallinn unternehmen möchte, kann sich im dortigen Brauereimuseum (www.pruulikoda.ee) über die Biere informieren und danach in der dem Museum angeschlossenen Kneipe bei estnischem Essen das bekannteste Bier des Landes genießen.

Die Biermarke A. Le Coq ist nicht weniger bedeutend als Saku. Die Brauerei wurde 1826 von Justus Reinhold Schramm in Tartu gegründet und 1913 von der Aktiengesellschaft A. Le Coq & Co übernommen, die der Belgier Alfred Le Coq 1807 in London gegründet hatte.

Auch diese Brauerei wurde mit der sowjetischen Besetzung Estlands enteignet und in Tartu Õlletehas umbenannt. Mit der Wiedererlangung der estnischen Unabhängigkeit wurde sie 1995 reprivatisiert. Unter der Marke »A. Le Coq« vereinen sich verschiedene Biersorten, und auch in Tartu (im Südosten Estlands) können Sie das Brauereimuseum (www.alecoq.ee) besichtigen.

Wer lettisches Bier trinken möchte, kann zwischen den verschiedenen Biersorten von Aldaris wählen. Aldaris ist die größte und bedeutendste Bierbrauerei in Lettland.

In Litauen trinkt man einheimisches Bier aus Kleipeda. Die Marke heißt Švyturys und trägt als Logo einen Seeadler. Der Ursprung dieser Marke geht auf das Jahr 1784 zurück.

Auch auf das Wodkabrennen verstehen sich die Balten bestens. Er wird auf der Basis von Roggen gebrannt und ist im Geschmack sehr weich. Zwei weitere hochprozentige Getränke darf man bei einem Besuch im Baltikum nicht auslassen: In Tallinn sollte man einen Vana Tallinn probieren, einen hochprozentigen Rum-Likör mit einem milden Geschmack nach Zitrone, Zimt und Vanille. Er wird zum Kaffee getrunken oder zu heißen Getränken wie Schokolade, Kaffee oder Tee gereicht.

Der Speiseplan im Baltikum

In Riga gibt es den *Rīgas Melnais Balzams* (Rigaer Schwarzer Balsam), einen traditionellen lettischen Likör aus Kräutern, Blüten, Ölen und Beeren. Er ist pechschwarz und hat einen bittersüßen Geschmack. Ihm werden eine verdauungsfördernde Wirkung und weitere medizinische Eigenschaften zugesprochen. Die Herstellung ist ein streng geschütztes Geheimnis, doch einiges soll über die Jahre bezüglich der Inhaltsstoffe ausgeplaudert worden sein: Lindenblüten, Birkenknospen, Honig, Arnika und Baldrian, Pfefferminze, Wermut, Kalmuswurzeln, Heidel- und Himbeeren, Eichenrinde und Orangenschalen, Ingwer, Muskat und schwarzer Pfeffer gehören zu den angeblich 99 verschiedenen Zutaten, derer es bedarf, um den Likör herzustellen. Die erste Lagerung erfolgt in Eichenfässern. Rigaer Schwarzer Balsam wird pur mit Eis genossen oder mit Obstbränden, Aquavit oder Wodka gereicht. Beliebt ist er ebenfalls in Kaffee oder Tee – oder man gießt ihn mit Zucker heiß auf.

Das Geheimnis des Rigaer Schwarzen Balsams

Honigbier (Seite 207) und -liköre sind im Baltikum von jeher regional beliebt und verbreitet. Apfel- oder Beerenwein wird in kleinen Mengen produziert. Echter estnischer und lettischer Glühwein wird nicht auf der Basis von Traubenmost, sondern auf der von rotem Beerenmost hergestellt.

Prost!
Terviseks! (estnisch)
Prieka! (lettisch)
Į sveikatą! (litauisch)

Maße und Abkürzungen

EL   Esslöffel
TL   Teelöffel
g   Gramm
kg   Kilogramm
l   Liter
ml   Milliliter

Wenn nicht anders angegeben, sind Tee- und Esslöffel gestrichen gefüllt.

Alle Rezepte beziehen sich, wenn nicht anders vermerkt, auf vier Personen.

Suppen und Eintöpfe
Supid ja ühepajatoidud (Estland)
Zupas un sautējumi (Lettland)
Sriubos ir tirštos sriubos (Litauen)

Suppen und Eintöpfe wurden traditionell täglich und auch dreimal am Tag gegessen: morgens eine leichte Milchsuppe, mittags je nach Jahreszeit ein deftiger Eintopf und abends als Suppe das, was übrig geblieben war.

Milchsuppe mit Fisch
Kala-piimasupp (Estland)
Piena zupa ar zivīm (Lettland)

Seefisch kam ursprünglich nur an der Küste auf den Tisch. Auch wenn alle drei Länder eine überschaubare Größe haben, war die Infrastruktur so schlecht, dass der frische Fisch auf dem Transportweg ins Inland verdorben wäre.
Fischsuppen gab es in Fischerfamilien häufig, denn so konnte der nicht verkaufte Fang schnell und unkompliziert verarbeitet werden.

Die Fischfilets in 800 ml Wasser zum Kochen bringen, 10 Minuten ziehen lassen und herausnehmen. Kartoffeln und Sellerie schälen und würfeln, die Zwiebel fein hacken. Alles in den Fischsud geben, mit Salz und weißem Pfeffer würzen, 15 Minuten köcheln.
Das Mehl mit der Milch verquirlen und in die Suppe einrühren, einmal aufkochen. Den Fisch in mundgerechte Stücke teilen und in der Suppe erwärmen, die Butter einrühren.
Kurz vor dem Servieren mit Dill bestreuen.

700 g Kabeljaufilet
500 g Kartoffeln
½ Sellerieknolle
1 Zwiebel
weißer Pfeffer
1 EL Mehl
500 ml Milch
1 EL Butter
2 EL fein gehackter Dill

Kirsch-Milch-Suppe
Kirsi-piimasupp (Estland)
Ķiršu-piena zupa (Lettland)
Vyšnių šaltsriubė (Litauen)

Die Kirschen waschen, entstielen, entsteinen und etwas zerdrücken. Das Brot würfeln. Alle Zutaten miteinander vermischen und kalt servieren.

250 g Kirschen
200 g Roggenbrot
1 l Milch
4 EL Honig oder Zucker

Variante
Statt Kirschen können auch alle Sorten von Beeren verwendet werden.

Milchsuppe mit Pilzen
Piimasupp seentega (Estland)
Piena zupa ar sēnēm (Lettland)
Pieniška grybų sriuba (Litauen)

Milchsuppe mit frischen Pilzen ist ein typisches Essen für den Spätsommer. Im Herbst und Winter wird sie mit getrockneten Pilzen zubereitet.

1 kg Kartoffeln
1 l Fleischbrühe
600 g Speisepilze
4 Zwiebeln
50 g durchwachsener Speck
2 EL Butter
1 EL Mehl
500 ml Milch
1 EL fein gehackter Dill

Die Kartoffeln schälen, würfeln und in der Brühe fast weich kochen. Die Pilze putzen und in Scheiben schneiden. Die Zwiebeln fein hacken, den Speck würfeln.
In einer Pfanne die Butter zerlassen, Pilze, Zwiebeln und Speck darin anbraten. Die angebratenen Pilze zur Brühe geben. Das Mehl mit der Milch verquirlen und in die Brühe einrühren. Mit Salz und Pfeffer abschmecken und alles noch einmal durchziehen lassen.
Kurz vor dem Servieren mit Dill bestreuen.

Milchsuppe mit Gemüse
Piimasupp aedviljaga (Estland)
Piena zupa ar dārzeņiem (Lettland)

An heißen Sommertagen, mit frischen Erbsen aus dem Garten, lässt diese Suppe das Herz der Esten und Letten höherschlagen.

2 Kartoffeln
1 Möhre
300 g frische grüne Erbsen
1 l Milch

Die Kartoffeln schälen und klein würfeln. Die Möhre schaben, in dünne Scheiben schneiden. Beides mit den Erbsen in Wasser weich kochen. Die Milch zugießen, kurz aufkochen, mit Salz abschmecken und etwa 10 Minuten ziehen lassen.

Tipp
Wer es sich leisten konnte, gab ein kleines Stück Butter hinzu, das die Hautbildung der Milch beim Kochen verhindert.

Suppen und Eintöpfe

Milchsuppe mit Reis
Piimasupp rissiga (Estland)

Dieses modernisierte Rezept hat seinen Ursprung in einem alten traditionellen Milchsuppenrezept. Diese Suppe wurde speziell zur Heuzeit gemacht, weil damals die Bauern nicht viel Zeit hatten, ein umfangreicheres Essen zuzubereiten. Ein großer Topf Graupenbrei wurde vorgekocht und zu den Mahlzeiten je nach Bedarf mit kalter Milch verflüssigt. Dazu aß man Butterbrote mit Salzheringen.

In einem Topf den Reis mit 300 ml Wasser erhitzen. Wenn das Wasser kocht, Salz hinzufügen und den Reis zugedeckt bei schwacher Hitze etwa 10 Minuten kochen. Wenn der Reis weich ist, die Milch zugießen und langsam zum Kochen bringen. Zugedeckt etwa 10 Minuten ziehen lassen.

150 g Natur-Langkornreis
1 l Milch

Varianten
Diese Suppe kann als Hauptgericht serviert werden, aber auch als Nachspeise – dann wird sie mit Zucker und Zimt abgeschmeckt.
Auf gleiche Weise kann man eine Nudel-Milch-Suppe zubereiten. Beide Suppen sind in Estland sehr verbreitet.

Suppe mit Mehlklößchen
Piimasupp klimpidega (Estland)

Mehlklöße sind aus der estnischen Küche nicht wegzudenken. Sie sind nicht nur eine Einlage in leichten Suppen, sondern auch in klaren Brühen.

500 g Suppenfleisch
2 Kartoffeln
1 Möhre
1 Zwiebel
Butter
Petersilie

für die Klößchen:
1 Ei
1 EL Öl
150 g Mehl

Für die Klößchen das Ei verquirlen, 200 ml Wasser, Salz und Öl zugeben und verrühren. Das Mehl hinzufügen, den Teig zu einer gleichmäßigen Masse verrühren und 30 Minuten ruhen lassen.
Das Fleisch in einen Topf geben, mit Wasser bedecken, mit Salz und Pfeffer würzen und eine Brühe kochen. Die Kartoffeln schälen und klein würfeln. Die Möhre schaben und in kleine Scheiben schneiden. Die Zwiebel fein hacken.
In einer Pfanne die Butter zerlassen, Zwiebel und Möhre darin anbraten. Kartoffeln, Möhre und Zwiebel in die Fleischbrühe geben und alles weich kochen. Das Fleisch herausnehmen, vom Knochen befreien, klein schneiden und zurück in die Suppe geben.
Wenn das Gemüse weich ist, mit einem Teelöffel nach und nach den Klößchenteig in die Suppe legen – dabei zuerst den Teelöffel in die heiße Brühe halten. Die Suppe ist fertig, wenn die Klößchen an der Oberfläche schwimmen.
Zum Schluss mit Petersilie abschmecken.

Suppen und Eintöpfe

Sauerkrautsuppe
Hapukapsasupp (Estland)
Skābu kāposta zupa (Lettland)
Raugintų kopūstų sriuba (Litauen)

Eine typische Wintersuppe, die durch Zugabe von Gerstengraupen satt macht.

Die Zwiebel fein hacken, den Speck würfeln. In einem großen Topf den Speck auslassen und die Zwiebel glasig dünsten. Das Sauerkraut hinzufügen. Das Fleisch würfeln und mit Graupen, 1 gestrichenen TL Salz und 1 l Wasser zugeben. Zwei bis drei Stunden kochen, bis Sauerkraut und Gerste schön weich sind. Kartoffeln und Möhren schälen, würfeln und 30 Minuten vor dem Ende der Kochzeit hinzufügen. Mit Zucker und Salz abschmecken.
Die Suppe in tiefen Tellern oder Suppentassen anrichten und je 1 EL saure Sahne daraufgeben.

mindestens 3 Stunden vorher beginnen

1 Zwiebel
50 g durchwachsener Speck
500 g Sauerkraut
500 g gut durchwachsener Schweinenacken
¼ Tasse Gerstengraupen
2 Kartoffeln
2 Möhren
2 EL Zucker
100 g saure Sahne

Sauerkohl-Borschtsch
Hapukapsaborš (Estland)
Rūgštūs barščiai (Litauen)

Die Roten Beten fein raspeln. Die Möhren schaben und ebenfalls fein raspeln. Die Zwiebel fein hacken.
In einem Topf das Öl erhitzen und die Zwiebel glasig dünsten. Sauerkraut, Möhren und Rote Beten hinzufügen und unter Rühren kurz dünsten. Die Brühe angießen und zum Kochen bringen. Das Lorbeerblatt einlegen, mit Tomatenmark und Pfefferkörnern würzen. Die Kartoffeln schälen und würfeln, zugeben und etwa 15 Minuten köcheln.
Das Lorbeerblatt entfernen, die Suppe mit Thymian würzen und mit Zucker abschmecken. Die Würstchen klein schneiden und in der Suppe erwärmen. Mit saurer Sahne servieren.

4-5 eingelegte Rote Beten (Seite 98)
2 Möhren
1 Zwiebel
2 EL Öl
400 g Sauerkraut
1½ l Hühnerbrühe
1 Lorbeerblatt
2-4 EL Tomatenmark
5-6 schwarze Pfefferkörner
3 Kartoffeln
1 TL getrockneter Thymian
2-3 TL Zucker
400 g Knackwürstchen
200 g saure Sahne

Erbsensuppe
Hernesupp (Estland)
Zirņu zupa (Lettland)
Žirnių sriuba (Litauen)

Diese Suppe ist in Lettland ein traditionelles Fastnachtsessen. Oft aus Spitzbein oder einem halben Schweinskopf zubereitet, wurde das Fleisch getrennt serviert.

für 10 Personen

500 g Schweinefleisch zum Kochen (Spitzbeine bzw. Schweinskopf und -ohr)
300-400 g geschälte Erbsen
4 Zwiebeln
4 EL Butter

Das schwach gesalzene Fleisch mit den Erbsen in kaltem Wasser ansetzen und köcheln, bis die Erbsen weich sind und das Fleisch gar. Dabei auftretenden Schaum immer wieder abschöpfen. Das Fleisch herausnehmen, in kleine Stücke schneiden und zurück in die Suppe geben. Mit Salz würzen.
Währenddessen die Zwiebeln in Ringe schneiden. In einer Pfanne die Butter zerlassen und die Zwiebelringe goldbraun braten. Zur Suppe reichen.

Kalte Rote-Beten-Suppe
Šaltibarščiai (Litauen)

Die Liebe zur kalten Rote-Beten-Suppe teilen die Litauer mit den Polen. Wenn Sie Litauen im Sommer besuchen, ist das Probieren der Suppe eine kulinarische Pflicht, denn sie zählt zu den Nationalgerichten.

Die Roten Beten schälen und raspeln. Die Gurke schälen, mit einem Löffel entkernen und fein hacken. Die Eier pellen, Eigelb und Eiweiß trennen, das Eiweiß fein hacken. Die Eigelbe mit einer Gabel zerdrücken, mit der sauren Sahne verrühren und die Buttermilch untermischen. Frühlingszwiebeln und Dill hacken. Alle Zutaten vorsichtig miteinander vermengen.
Die Suppe eiskalt servieren. Dazu wird eine noch heiße Salzkartoffel gereicht.

2 gekochte Rote Beten
1 kleine Salatgurke
2 hart gekochte Eier
100 g saure Sahne
800 ml Buttermilch
½ Bund Frühlingszwiebeln
¼ Bund Dill

Varianten
Nicht immer befinden sich in dieser Suppe Gurke und Frühlingszwiebeln, die Standardzutaten aber sind Rote Beten, Ei, saure Sahne und Dill.

Rote-Beten-Suppe mit Pilzen
Punase peedi supp seenetga (Estland)
Barščiai su grybais (Litauen)

Diese Suppe wird in Litauen traditionell am Heiligen Abend serviert.

für 8 Personen

5 getrocknete Steinpilze
2 gekochte Rote Beten
1 Möhre
1 Zwiebel
5 Pfefferkörner
2 Lorbeerblätter
125 ml fermentierter Rote-Beten- oder Zitronensaft
4 EL saure Sahne

Die Pilze in 2 l kaltem Wasser einweichen, dann im Einweichwasser 15 Minuten kochen. Das Wasser auffangen und zur Seite stellen. Die Pilze in feine Streifen schneiden. Die Roten Beten raspeln. Die Möhre schaben und ebenfalls raspeln. Die Zwiebel fein hacken. Möhren, Zwiebel, Pfefferkörner und Lorbeerblätter im Einweichwasser etwa 20 Minuten köcheln. Die Roten Beten und den Saft hinzugeben. Lorbeerblätter sowie Pfefferkörner entfernen und die Suppe salzen. Vor dem Servieren die saure Sahne unterrühren.
Zu dieser Suppe werden Kartoffeln oder Roggenbrot (Seiten 201-203) gegessen.

Saure Rote-Beten-Suppe
Peedisupp (Estland)
Sarkano biešu zupa (Lettland)
Rūgšti barščių sriuba (Litauen)

500 g geräucherter Schinken mit Knochen
6 Pfefferkörner
2 Lorbeerblätter
3 Kartoffeln
4 eingelegte Rote Beten (Seite 98)
1 Zwiebel
100 g saure Sahne

Den Schinken vom Knochen und in mundgerechte Stücke schneiden. In einem Topf beides mit kaltem Wasser zum Kochen bringen. Lorbeerblätter sowie Pfefferkörner hinzufügen und alles etwa eine Stunde kochen.
Währenddessen die Kartoffeln schälen und würfeln. Die Roten Beten fein raspeln. Die Zwiebel fein hacken. Wenn das Fleisch weich ist, die Gemüse hinzufügen und etwa 20 Minuten garen. Knochen, Lorbeerblätter und Pfefferkörner entfernen. Vor dem Servieren die saure Sahne unterrühren und abschmecken.
Mit gekochten Kartoffeln servieren.

Pilzsuppe
Seenesupp (Estland)
Sēņu zupa (Lettland)
Grybų sriuba (Litauen)

Im Sommer waren Pilze eine wertvolle Eiweißquelle, denn Fleisch war oft Mangelware. Das Pilzesammeln war daher eine Notwendigkeit, die von Kindern und älteren Frauen übernommen wurde. Der Großteil der Pilze wurde getrocknet oder auch eingemacht, um für den strengen Winter gerüstet zu sein.

Die Pilze putzen und blättrig schneiden. Die Kartoffeln schälen und würfeln. Beides in 1 l kochendes Wasser geben, die Lorbeerblätter einlegen, mit Salz und Pfeffer würzen. Die Suppe etwa 20 Minuten köcheln.
Die Butter unterrühren, die Lorbeerblätter entfernen und abschmecken.
Die Pilzsuppe wird auch mit untergerührter saurer Sahne serviert.

250 g frische Waldpilze
3 Kartoffeln
2 Lorbeerblätter
50 g Butter

Pilzsuppe mit Speckwürfeln
Seenesupp pekitükikestega (Estland)
Sēņu zupa ar speķa gabaliņiem (Lettland)
Grybų sriuba su lašiniukais (Litauen)

für 6 Personen

500 g Pilze
5 Kartoffeln
2 Möhren
1 Zwiebel
2 Knoblauchzehen
200 g Speckwürfel
3 Lorbeerblätter
½ Bund Dill
200 g saure Sahne

Die Pilze putzen und blättrig schneiden. Kartoffeln und Möhren schälen und würfeln. Zwiebel und Knoblauch fein hacken.

In einem Topf den Speck auslassen, Zwiebel und Knoblauch darin glasig dünsten. Pilze, Kartoffeln und Möhren hinzufügen, mit Wasser bedecken und zum Kochen bringen. Die Lorbeerblätter einlegen, mit Salz und Pfeffer würzen. Die Suppe etwa 20 Minuten köcheln.

Währenddessen den Dill fein hacken. Mit der sauren Sahne unterrühren, die Lorbeerblätter entfernen und nochmals abschmecken.

Zu dieser Suppe wird bevorzugt Roggenbrot (Seiten 201-203) serviert.

Kartoffelsuppe mit getrockneten Pilzen
Kartulisupp kuivatatud seentega (Estland)
Kartupeļu zupa ar kaltētām sēnēm (Lettland)
Bulvių sriuba su džiovintais grybais (Litauen)

Pilze und Graupen in getrennten Behältnissen etwa drei Stunden quellen lassen.
Die Pilze in Streifen schneiden und mit 1½ l Wasser zum Kochen bringen. Währenddessen die Kartoffeln schälen und würfeln. Mit den Graupen in die kochende Suppe geben. Die Lorbeerblätter einlegen, mit Salz würzen und etwa 20 Minuten kochen, bis die Kartoffeln gar sind. Die Lorbeerblätter entfernen, die Suppe mit Butter und saurer Sahne verfeinern, nochmals abschmecken und heiß servieren.
Dazu passt am besten Roggenbrot (Seiten 201-203).

mindestens 3 Stunden vorher beginnen

5 getrocknete Steinpilze
1 EL Graupen
6 Kartoffeln
3 Lorbeerblätter
50 g Butter
100 g saure Sahne

Sauerampfersuppe
Hapuoblikasupp (Estland)
Skābeņu zupa (Lettland)
Rūgštynių sriuba (Litauen)

Die Möhre schaben und in Stücke schneiden. Die Zwiebel vierteln. Beides mit der Beinscheibe und dem Speck in einen Topf geben, mit Wasser bedecken und eine Brühe kochen.
Das Suppenfleisch herausnehmen und würfeln. Den Sauerampfer waschen, die Stiele entfernen, die Blätter in die kochende Brühe geben und die Suppe 5 Minuten kochen. Die saure Sahne und das Suppenfleisch unterrühren. Mit Salz abschmecken und heiß servieren.
Dazu isst man gekochte Kartoffeln oder Ofenkartoffeln.

1 Möhre
1 Zwiebel
500 g Beinscheibe
200 g Speck
4 Handvoll Sauerampferblätter
100 g saure Sahne

Brennnesselsuppe
Nõgesesupp (Estland)
Nātru zupa (Lettland)
Dilgelių sriuba (Litauen)

Diese Suppe ist ein traditionelles Frühjahrsgericht. Der Verzehr von Brennnesseln soll die Kräfte des Frühlings auf den Menschen übertragen.

für 8 Personen

1 Möhre
500 g Schinkenspeck
4 Handvoll junge Brennnesselblätter
2 Zwiebeln
50 g Butter
1 TL Mehl
200 g saure Sahne

Die Möhre schaben und in Scheiben schneiden. Mit dem Schinkenspeck in einen Topf geben, mit 2 l Wasser bedecken und eine Brühe kochen. Die Brennnesselblätter blanchieren, mit kaltem Wasser abschrecken und hacken. Die Zwiebeln fein hacken.
In einem Topf die Butter zerlassen und die Zwiebeln glasig dünsten. Das Mehl darin anschwitzen, 1 Tasse Brühe zugießen und alles einmal aufkochen. Die Brennnesselblätter hinzufügen. Den Speck fein würfeln und mit der restlichen Brühe zugeben. Die Suppe mit Salz abschmecken, auf Suppentassen verteilen und mit einem Klecks saurer Sahne garnieren.
Dazu werden dunkles Roggenbrot (Seite 201) oder auch gekochte Kartoffeln serviert.

Suppe mit Kartoffelklößen
Lihasupp klimpidega (Estland)
Bulvinių kukuliukų sriuba (Litauen)

Diese Suppe wird gerne am Abend gegessen.

Die Kartoffeln schälen, fein reiben und in ein Geschirrtuch geben. Die Flüssigkeit ausdrücken, auffangen und zur Seite stellen, damit sich die Stärke absetzt. Die Stärke vom Kartoffelwasser trennen.
Die gekochten Kartoffeln ebenfalls fein reiben. Mit den anderen Kartoffeln und der Stärke zu einem Teig vermengen, leicht salzen und zu kleinen runden Klößen formen. Wasser erhitzen, salzen und die Kartoffelklöße 15 bis 20 Minuten ziehen lassen.
Das Gemüse waschen, putzen und in mundgerechte Stücke schneiden. In der Brühe garen und etwas zerstampfen. Die Milch hinzufügen und würzen. Die Kartoffelklöße in den Eintopf geben und sofort servieren.

für 8 Personen

1 kg Kartoffeln
3 gekochte Kartoffeln
500 g Gemüse der Saison
  (Möhren, Kohl, Rüben,
  Erbsen, Bohnen,
  Blumenkohl)
1 l Brühe
500 ml Milch

Fischsuppe
Kalasupp (Estland)
Zivju zupa (Lettland)
Žuvienė (Litauen)

Fischsuppe wird im Baltikum vor allem in den küstennahen Regionen gegessen.

für 8 Personen

1 küchenfertiger Fisch (etwa 1 kg)
1 Möhre
1 Zwiebel
3 Lorbeerblätter
3 Pfefferkörner
4 Pimentkörner
300 g Kartoffeln
½ Bund Dill
30 g Butter

Den Fisch gründlich waschen und in einem Suppentopf mit Wasser bedecken. Die Möhre schaben und in Stücke schneiden. Die Zwiebel vierteln. Beides zugeben, die Lorbeerblätter einlegen, mit Pfefferkörnern, Pimentkörnern und Salz würzen. Die Suppe zum Kochen bringen und bei schwacher Hitze etwa eine Stunde köcheln. Währenddessen die Kartoffeln schälen und würfeln.
Den Fisch aus dem Sud nehmen, den Sud durch ein Sieb gießen und die Kartoffelwürfel darin garen. Den Dill fein hacken. Das Fischfleisch von Gräten und Haut befreien und in Stückchen zerteilen. Mit Dill und Butter zur Suppe geben und darin erwärmen. Nochmals abschmecken und heiß servieren.

Hering-Zwiebel-Suppe
Herringa-sibula supp (Estland)
Cibulynė (Litauen)

Die Kartoffeln waschen und mit Schale kochen. Den Hering gründlich waschen, in Alufolie einschlagen und im vorgeheizten Ofen bei 200° C in etwa 15 Minuten garen. Die Zwiebeln sehr fein hacken.
Die Kartoffeln schälen. Den Fisch von Gräten, Kopf, Schwanz und Haut befreien. In einer Schüssel Kartoffeln und Hering zerdrücken, mit 1 l heißem Wasser übergießen und alles vermengen. Zwiebeln und Rote-Beten-Saft unterrühren, mit Salz und Pfeffer abschmecken. Dazu werden Salzkartoffeln gegessen.

für 6 Personen

3 Kartoffeln
1 küchenfertiger Hering
3 Zwiebeln
500 ml fermentierter Rote-Beten-Saft

Brotsuppe
Leivasupp (Estland)
Maizes zupa (Lettland)
Duonos sriuba (Litauen)

Diese Suppe wird gerne am Abend gegessen.

Die Kartoffeln schälen, würfeln und in leicht gesalzenem Wasser in etwa 20 Minuten garen. Das Roggenbrot würfeln. Die Zwiebel fein hacken. Die Kartoffeln im Kochwasser zerdrücken.
In einer Pfanne die Butter zerlassen und die Zwiebel glasig dünsten. Die Brotwürfel zugeben und rösten. Die Kartoffelsuppe mit den Brotwürfeln vermischen und mit der sauren Sahne verfeinern. Mit Salz abschmecken und heiß servieren.

3 Kartoffeln
300 g Roggenbrot
1 Zwiebel
50 g Butter
100 g saure Sahne

Sommerliche Brotsuppe
Suvine leivasup (Estland)
Vasaras maizes zupa (Lettland)
Mutinys (Litauen)

Diese Suppe wurde früher im Sommer mit aufs Feld genommen und am späten Nachmittag gegessen.

250 g Beeren
200 g Roggenbrot
3 EL Honig oder Zucker

Die Beeren verlesen. Das Brot würfeln. Alle Zutaten miteinander vermischen.

Variante
Statt Beeren kann man auch entsteinte Kirschen verwenden.

Kirschkaltschale
Paks krsikissell (Estland)
Ķiršu ķīselis (Lettland)
Šaltsriubė (Litauen)

500 g Sauerkirschen
1 EL Speisestärke
125 g Zucker
½ Zimtstange
4 EL Joghurt

Die Sauerkirschen waschen, entstielen und entsteinen. Die Stärke mit 1 Tasse kaltem Wasser anrühren.
Die Kirschen mit 1 l Wasser, Zucker und der Zimtstange zum Kochen bringen. Die Stärke einrühren und alles unter Rühren kochen, bis die Suppe leicht andickt.
Auskühlen lassen, die Zimtstange entfernen und mit je 1 EL Joghurt servieren.

◆

Pfannkuchen und Eierspeisen
Pannkoogid ja munaroad (Estland)
Panakūkas un olu ēdieni (Lettland)
Blyneliai ir kiaušinių patiekalai (Litauen)

◆

Pfannkuchen und Eiergerichte haben im Baltikum Tradition. Wer es sich leisten konnte, aß einen Pfannkuchen mit Honig oder Marmelade schon zum Frühstück.

Dünne Pfannkuchen
Ülepannikoogid (Estland)
Plānās pankūkas (Lettland)
Blyneliai (Litauen)

Man kann nicht sagen, wer den Pfannkuchen »erfunden« hat. Er ist im ganzen west-, mittel-, ost- und nordeuropäischen Kulturkreis ein weit verbreitetes traditionelles Gericht. Denn aus Eiern und Mehl einen Teig zu machen, den man auf etwas Heißem brät bzw. backt, ist schon den Steinzeitmenschen zuzutrauen. In Russland heißen diese Pfannkuchen Blinis.

Das Mehl in eine Schüssel sieben, Milch und Eier hinzufügen und alles zu einem glatten Teig verrühren. Eine Prise Salz unterrühren.
In einer beschichteten Pfanne Butter bzw. Öl oder ein Gemisch aus beiden erhitzen. Eine Kelle Pfannkuchenteig hineingeben, verteilen und von beiden Seiten goldgelb braten. Auf einem heißen Teller servieren. Mit dem restlichen Teig auf gleiche Weise verfahren.

für 6-10 Stück

250 g Mehl
300 ml Milch
4 Eier
Butter/Öl zum Braten

Variante
Neben den dünnen Pfannkuchen werden auch die dicken gern gegessen. Dafür werden die Eier getrennt, das Eigelb wird wie im Rezept verwendet, das Eiweiß aber steif geschlagen und erst kurz vor dem Ausbacken unter den Teig gehoben. So erhält man Omeletts.

Apfelpfannkuchen
Ülepannikoogid õuntega (Estland)
Ābolu pankūkas (Lettland)
Blyneliai su obuoliais (Litauen)

für 6-10 Stück

2-3 Äpfel
250 g Mehl
300 ml Milch
4 Eier
4 EL Zucker
Butter/Öl zum Braten

Die Äpfel schälen, das Kerngehäuse mit einem Apfelstecher entfernen und den Apfel in Ringe schneiden. Das Mehl in eine Schüssel sieben, Milch und Eier hinzufügen und alles zu einem glatten Teig verrühren. Zucker und eine Prise Salz unterrühren.
In einer beschichteten Pfanne Butter bzw. Öl oder ein Gemisch aus beiden erhitzen. Eine Kelle Pfannkuchenteig hineingeben und verteilen. Ein paar Apfelringe auf den Teig geben und ihn von beiden Seiten goldgelb braten. Auf einem heißen Teller servieren. Mit dem restlichen Teig auf gleiche Weise verfahren.

Varianten
Statt Äpfel können auch Blaubeeren oder Moosbeeren mitgebacken werden.
Der Teig kann ebenfalls dafür genutzt werden, Holunderbeerenblüten oder auch Holunderbeeren mit Dolde darin zu schwenken und in heißem Fett zu frittieren.

Pfannkuchen mit Quarkfüllung
Pannikoogid kohupiimatäidisega (Estland)
Pildītās pankūkas ar biezpienu (Lettland)

Für die Füllung Quark, Eier, Mehl und Zucker zu einer gleichmäßigen Masse verrühren. Die Rosinen unterrühren, mit einer Prise Salz würzen.
In einer beschichteten Pfanne Butter bzw. Öl oder ein Gemisch aus beiden erhitzen. Eine Kelle Pfannkuchenteig hineingeben, verteilen und von beiden Seiten goldgelb braten. Auf die eine Hälfte des Pfannkuchens etwas Quarkfüllung geben, diese ausstreichen, die andere Hälfte darüberklappen und zugedeckt noch einmal von beiden Seiten kurz braten, damit die Füllung stockt. Auf einem heißen Teller servieren. Mit dem restlichen Teig auf gleiche Weise verfahren.
Zu diesen Pfannkuchen kann man frische Waldbeeren oder Preiselbeerkompott (Seite 180) reichen sowie den Saft/Sirup von Waldfrüchten.

Varianten
Pikante Quarkfüllungen, etwa mit Kümmel, sind weit verbreitet. Auch wird der Magerquark mit saurer oder süßer Sahne aufgewertet. Im Frühsommer sind Kräuterfüllungen beliebt. Weit verbreitet und bei uns in Vergessenheit geraten ist Sauerampfer als Füllung. Sie wird als pikante, aber auch als süße Variante angeboten.

für 6-10 Stück

Teig für dünne Pfannkuchen (Seite 59)

für die Füllung:
200 g Magerquark
2 Eier
1 EL Mehl
4 EL Zucker
4 EL Rosinen

Pfannkuchen mit Pilzfüllung
Seenepannikoogid (Estland)
Pildītās pankūkas ar sēnēm (Lettland)

Pilzfüllungen sind besonders beliebt im Spätsommer und im Herbst. Es ist ein weit verbreitetes Hobby, Speisepilze zu sammeln – ganze Körbe voll. Die Mengen lassen sich gar nicht so schnell verarbeiten, wie sie verderben. Viele Balten sind daher Spezialisten, wenn es um das Trocknen von Pilzen geht.

für 6-10 Stück

Teig für dünne Pfannkuchen (Seite 59)

für die Füllung:
500 g Wald- oder Wiesenpilze
2 Zwiebeln
30 g Butter
3 EL Sahne
4 EL gehackte Petersilie

Die Pilze putzen und blättrig schneiden. Die Zwiebeln fein hacken.
In einer Pfanne die Butter zerlassen und die Zwiebeln glasig dünsten. Die Pilze zugeben und schmoren. Zum Schluss Sahne und Petersilie unterrühren, mit Salz und Pfeffer abschmecken.

Tipp
Getrocknete Waldpilze verlieren etwa das Zehnfache ihres Gewichts. Wer also ein Gericht mit getrockneten Pilzen machen möchten, wie im Baltikum auf dem Lande üblich, braucht nur ein Zehntel der angegebenen Menge.

Pfannkuchen mit Hackfüllung
Pannikoogid hakklihatäidisega (Estland)
Pildītās pankūkas ar malto gaļu (Lettland)

Die Zwiebeln fein hacken. Den Speck würfeln, in einer Pfanne auslassen und die Zwiebeln glasig dünsten. Das Hackfleisch zugeben und schmoren. Zum Schluss Sahne und Petersilie unterrühren, mit Salz und Pfeffer abschmecken.

Hackfleisch ist im Baltikum immer wesentlich fettiger als in Deutschland. Wer dem Original möglichst nahekommen will, lässt sich vom Fleischer zusätzlich ein Stück Bauchspeck durch den Fleischwolf drehen: bei 1 kg Fleisch etwa 100 g Speck.

für 6-10 Stück

Teig für dünne Pfannkuchen (Seite 59)

für die Füllung:
2 Zwiebeln
50 g durchwachsener Speck
300 g Hackfleisch
3 EL Sahne
4 EL gehackte Petersilie

Möhrenpfannkuchen
Porganipannikoogid (Estland)
Burkānu pankūkas (Lettland)

für 6-10 Stück

4-5 Möhren
250 g Mehl
300 ml Milch
4 Eier
6 EL Zucker
1 TL abgeriebene Zitronenschale
Butter/Öl zum Braten

Die Möhren schaben und raspeln. Das Mehl in eine Schüssel sieben, Milch und Eier hinzufügen und alles zu einem glatten Teig verrühren. Möhrenraspel, Zucker, Zitronenschale und eine Prise Salz unterrühren.
In einer beschichteten Pfanne Butter bzw. Öl oder ein Gemisch aus beiden erhitzen. Eine Kelle Pfannkuchenteig hineingeben, verteilen und von beiden Seiten goldgelb braten. Auf einem heißen Teller servieren. Mit dem restlichen Teig auf gleiche Weise verfahren.

Variante
Statt Möhren ist auch ein Stück Kürbisfleisch, das ebenfalls geraspelt wird, eine traditionell beliebte herbstliche Alternative.

Buchweizenpfannkuchen mit Speck
Tatrapaakoogid pekiga (Estland)
Grikainiai (Litauen)

Das Mehl in eine Schüssel sieben, Milch und Eier hinzufügen und alles zu einem glatten Teig verrühren. Eine Prise Salz unterrühren. Den Speck sehr fein würfeln.
In einer beschichteten Pfanne Butter bzw. Öl oder ein Gemisch aus beiden erhitzen und 2 EL Speck auslassen. Eine Kelle Pfannkuchenteig hineingeben, verteilen und von beiden Seiten goldgelb braten. Auf einem heißen Teller servieren. Mit dem restlichen Teig auf gleiche Weise verfahren.
Dazu passen gebräunte Zwiebeln und Sahne.

für 6-10 Stück

200 g Buchweizenmehl
50 g Mehl
200 ml Milch
3 Eier
150 g durchwachsener Speck
Butter/Öl zum Braten
200 g saure Sahne

Variante
Buchweizenpfannkuchen gibt es ebenfalls als süße Variante. Apfelmus ist dann eine beliebte Beilage zu diesem leicht nussigen Pfannkuchen.

Hefeteig-Pfannkuchen
Pärmitaignast pannikoogid (Estland)
Rauga pankūkas (Lettland)
Mieliniai blynai (Litauen)

Dieses Gericht wurde in Litauen traditionell am Faschingsdienstag serviert. Die kostümierten Narren erhielten bei ihrer Wanderung von Haus zu Haus die Pfannkuchen als Wegzehrung.

500 ml Milch
1 Päckchen Trockenhefe
2 EL Zucker
300 g Mehl
2 Eier
Butter/Öl zum Braten
Zucker und Zimt oder
*   Preiselbeerkompott*
*   (Seite 180)*

Die Milch erwärmen, Trockenhefe und Zucker einrühren. Das Mehl sieben und unter die Milch geben. Die Mischung an einem warmen Ort mindestens 30 Minuten gehen lassen.
Die Eier trennen. Die Eigelbe mit einer Prise Salz unter den Teig geben und alles weitere 30 Minuten gehen lassen. Kurz vor dem Ausbacken das Eiweiß steif schlagen und unter den Pfannkuchenteig heben.
In einer Pfanne Butter bzw. Öl oder ein Gemisch aus beiden erhitzen. Den Teig esslöffelweise ins heiße Fett tropfen lassen und von beiden Seiten ausbacken. Heiß mit Zucker und Zimt oder mit Preiselbeerkompott servieren.

Variante
In Lettland, insbesondere an der Küste im Süden, wurden diese Pfannkuchen zur Hälfte mit Buchweizenmehl und statt mit Milch mit Wasser zubereitet. Dazu wurden Salzheringe und saure Sahne bzw. ein Dip aus Heringen und saurer Sahne gereicht.

Bauernfrühstück
Talupoja eine (Estland)
Zemnieku brokastis (Lettland)
Keptos bulvės su užleistu kiaušiniu (Litauen)

Die Balten kennen unzählige Varianten des Bauernfrühstücks: im Frühjahr mit frischen Kräutern wie Sauerampfer und Brennnessel, im Sommer mit Tomaten und/oder Gurken, im Herbst mit Pilzen oder Kürbis und im Winter mit getrockneten Pilzen oder eingemachtem Gemüse. Auch Sauerkraut findet man im Bauernfrühstück. Es ist ein typisches Resteessen.

Speck und Brühwurst fein würfeln. Die Kartoffeln schälen und in Scheiben schneiden. Die Gurken würfeln. Zwiebel, Schnittlauch und Petersilie fein hacken. Die Eier aufschlagen, mit der Mich verrühren, mit Salz und Pfeffer kräftig würzen.
In einer Pfanne die Butter zerlassen, die Zwiebel andünsten und den Speck auslassen. Kartoffeln sowie Brühwurst hinzufügen und leicht anbraten. Die Eiermasse darübergeben, Gurken und die Hälfte der Kräuter hinzufügen, das Ganze stocken lassen. Das Bauernfrühstück auf vier Teller verteilen. Mit den restlichen Kräutern garnieren und heiß servieren.
Dazu werden sauer eingelegte Gemüse wie Gurken, Rote Beten oder Kürbis (Seiten 97-98), aber auch Perlzwiebeln gegessen.

100 g durchwachsener Speck
100 g Brühwurst (Schinkenwurst oder Lyoner)
6 gekochte Kartoffeln
6 Essiggurken
1 Zwiebel
1 Bund Schnittlauch
1 Bund Petersilie
4 Eier
250 ml Milch
Butter zum Braten

Rührei
Munapuder (Estland)
Olu kultenis (Lettland)
Plakta kiaušinienė (Litauen)

Dieses mehr oder weniger bekannte Rezept wird zu Ostern in einem gewissen rituellen Rahmen zubereitet: Jeder Tischgast öffnet sein Ei selbst, indem er mit einem Nagel oder einem anderen spitzen Gegenstand ein Loch in die Enden des Eis bohrt. Den Inhalt bläst er in eine Schüssel. Die Masse wird mit Kräutern gewürzt, die am Johannesfest (Jāņi) des Vorjahres gepflückt wurden. Die Pfanne, in die alle Gäste ihre Rühreimasse geben, steht auf einem offenen Feuer. Der Gastgeber bereitet das Rührei zu, das alle gemeinsam aus der Pfanne essen.

8 Eier
Gewürze oder Kräuter
1 TL Speisestärke
8 EL Milch
Butter zum Braten

Die Eier in einer Schüssel aufschlagen, salzen und mit den übrigen Zutaten kräftig verrühren. In einer Pfanne die Butter zerlassen und die Eiermasse stocken lassen, dabei gelegentlich zusammenschaben.

◆

Piroggen
Pirukad (Estland)
Pīrāgi (Lettland)
Pyragėliai (Litauen)

◆

Auch wenn wir bei Piroggen zuerst an die russische Küche denken, zählen Speckpiroggen zu den Nationalgerichten der Letten.

Hefeteig für Piroggen (Grundrezept)
Pärmitaigen pirukate jaoks (Estland)
Rauga mīkla pīrāgiem/pamatrecepte (Lettland)
Pyragėlių mielinė tešla/pagrindinis rezeptas (Litauen)

Die Butter zerlassen. Das Mehl in eine Schüssel sieben und eine Mulde hineindrücken. Die Hefe hineingeben, den Zucker darüberstreuen. 1 TL Salz, die geschmolzene Butter und das Ei an den Rand der Schüssel geben.

Die lauwarme Milch und 50 ml Wasser in und um die Mulde gießen. Mit den Knethaken eines Handrührgerätes oder einer Küchenmaschine alles zu einem glatten Teig verarbeiten. Mit einem Tuch bedeckt an einem warmen Ort gehen lassen, bis er sein Volumen fast verdoppelt hat.

Auf einer bemehlten Arbeitsfläche kräftig durchkneten, ausrollen und Kreise ausstechen. Diese füllen, den Teig zusammenklappen und den Rand andrücken.

für 20-40 Stück

50 g Butter
500 g Mehl
1 Päckchen Trockenhefe
1 EL Zucker
1 Ei
150 ml lauwarme Milch

Weiterverarbeitung von Piroggen

In der Regel wird der Teig stets dünn ausgerollt, und es werden etwa 10 cm breite Kreise ausgestochen. Ob das Ganze dann an eine Teigtasche, ein längliches Brötchen oder ein Hörnchen erinnert, hängt vom Hersteller ab.
Bei der Weiterverarbeitung gibt es mehrere Varianten:

Backen:
Küpsetama (estnisch) / Cepšana (lettisch) / Kepti (litauisch)
Die Piroggen aufs Backblech setzen, Eigelb mit Wasser verquirlen und die Piroggen damit bestreichen. Noch etwas gehen lassen und im vorgeheizten Ofen bei 180° C etwa 15 Minuten backen.

Frittieren:
Friteerima (estnisch) / Vārīšana taukos (lettisch) / Kepti fritiūrinėje (litauisch)
Das Ausbacken in Fett ist besonders in den kalten Wintermonaten beliebt. Dann werden die Piroggen in der Fritteuse, einer tiefen Pfanne oder einem Topf von allen Seiten ausgebacken.

Kochen:
Keetma (estnisch) / Vārīšana (lettisch) / Virti (litauisch)
Die Piroggen werden in siedendem Wasser gegart. Solche mit dickem Teigmantel werden danach noch in Fett gebraten. Handelt es sich um Piroggen, die an Maultaschen erinnern, wird zerlassene Butter darübergegeben.

Zu allen Piroggen werden im Baltikum gerne saure Sahne/Schmant und gebratene Zwiebeln gereicht.

Piroggen mit Fleischfüllung
Pirukad lihatäidisega (Estland)
Pīrāgi ar gaļu (Lettland)
Pyragėliai su mėsos įdaru (Litauen)

Das Fleisch sehr fein würfeln. Zwiebeln, Dill und Schnittlauch fein hacken. In einer Pfanne die Butter zerlassen und die Zwiebeln glasig dünsten. In einer Schüssel alle Zutaten vermengen, mit Salz und Pfeffer würzen.
Die Mischung in die Mitte eines jeden Teigstücks geben, zusammenklappen und die Ränder gut andrücken. Mit Eigelb einpinseln und im vorgeheizten Ofen bei 180° C etwa 15 Minuten backen, frittieren oder garen.

für 20-40 Stück

500 g Bratenreste
2 Zwiebeln
1 Bund Dill
1 Bund Schnittlauch
20 g Butter
Eigelb zum Bestreichen

Piroggen mit Hackfleischfüllung
Pirukad hakklihatäidisega (Estland)
Pīrāgi ar malto gaļu (Lettland)
Pyragėliai su maltos mėsos įdaru (Litauen)

Die Zwiebeln fein hacken. In einer Pfanne die Butter zerlassen und die Zwiebeln glasig dünsten. Das Hackfleisch hinzugeben und krümelig braten. Mit Salz und Pfeffer würzen.
Die Mischung in die Mitte eines jeden Teigstücks geben, zusammenklappen und die Ränder gut andrücken. Mit Eigelb einpinseln und im vorgeheizten Ofen bei 180° C etwa 15 Minuten backen, frittieren oder garen.

für 20-40 Stück

2 Zwiebeln
20 g Butter
500 g fettes Hackfleisch vom Schwein
Eigelb zum Bestreichen

Varianten
Es gibt unzählige Varianten: mit rohem Hackfleisch, mit und ohne Ei, mit Kräutern, Essiggurken oder Kapern. Jeder Koch hat sein spezielles Rezept.

Piroggen mit Speck
Pirukad singitäidisega (Estland)
Pīrāgi ar speķi (Lettland)
Pyragėliai su lašiniasis (Litauen)

Piroggen mit Speck zählt zu den lettischen Nationalgerichten.

für 20-40 Stück

400 g durchwachsener Speck
5 Zwiebeln
Eigelb zum Bestreichen

Den Speck und die Zwiebeln würfeln. In einer Pfanne die Speckwürfel auslassen und die Zwiebeln glasig dünsten. Mit Pfeffer abschmecken und abkühlen lassen.
Die Mischung in die Mitte eines jeden Teigstücks geben, zusammenklappen und die Ränder gut andrücken. Mit Eigelb einpinseln und im vorgeheizten Ofen bei 180° C etwa 15 Minuten backen, frittieren oder garen.

Piroggen mit Pilzen
Pirukad seenetäidisega (Estland)
Pīrāgi ar sēnēm (Lettland)
Pyragėliai su grybais (Litauen)

für 20-40 Stück

800 g frische Pilze
2 Zwiebeln
40 g Butter
80 g Paniermehl
Eigelb zum Bestreichen

Die Pilze putzen und blättrig schneiden. Die Zwiebeln fein hacken.
In einer Pfanne die Butter zerlassen und die Zwiebeln glasig dünsten. Die Pilze hinzufügen und mit wenig Wasser garen. Das Paniermehl zugeben und die Masse durch den Wolf drehen oder fein hacken.
Die Mischung in die Mitte eines jeden Teigstücks geben, zusammenklappen und die Ränder gut andrücken. Mit Eigelb einpinseln und im vorgeheizten Ofen bei 180° C etwa 15 Minuten backen, frittieren oder garen.

Piroggen

Piroggen mit Möhren
Pirukad poranditäidisega (Estland)
Pīrāgi ar burkāniem (Lettland)
Pyragėliai su morkomis (Litauen)

Die Möhren schaben, würfeln und in Salzwasser gar dünsten. Die Zwiebeln fein hacken.
In einer Pfanne die Butter zerlassen und die Zwiebeln glasig dünsten. Die Möhren abgießen, zugeben und abkühlen lassen. Die hart gekochten Eier pellen, fein hacken, die anderen beiden Eier aufgeschlagen hinzugeben. Haselnussmehl hinzufügen und alles gründlich vermengen, mit Salz und Pfeffer kräftig abschmecken.
Die Mischung in die Mitte eines jeden Teigstücks geben, zusammenklappen und die Ränder gut andrücken. Mit Eigelb einpinseln und im vorgeheizten Ofen bei 180° C etwa 15 Minuten backen, frittieren oder garen.

für 20-40 Stück

1 kg Möhren
2 Zwiebeln
40 g Butter
2 hart gekochte Eier
2 Eier
20 g gemahlene Haselnüsse
Eigelb zum Bestreichen

Piroggen mit Reis
Pirukad riisitäidisega (Estland)

für 20-40 Stück

250 g Reis
2 Zwiebeln
40 g Butter
400 g Bockwürstchen
  (Frankfurter, Wiener)
Eigelb zum Bestreichen

Den Reis in Salzwasser garen und in einem Sieb abtropfen lassen. Die Zwiebeln fein hacken. In einer Pfanne die Butter zerlassen und die Zwiebeln glasig dünsten. Den Reis hinzufügen und gut vermengen, mit Salz und Pfeffer kräftig abschmecken. Die Würstchen pellen, würfeln und untermischen.
Die Mischung in die Mitte eines jeden Teigstücks geben, zusammenklappen und die Ränder gut andrücken. Mit Eigelb einpinseln und im vorgeheizten Ofen bei 180° C etwa 15 Minuten backen, frittieren oder garen.

Variante
Mit Reis gefüllte Piroggen findet man eher in Estland, denn Reisfüllungen sind insbesondere in Finnland verbreitet. Man kann für diese Piroggen auch gewürfelte, hart gekochte Eier verwenden und Kräuter wie Dill, Schnittlauch und Pimpernelle.

Piroggen mit Lachs
Pirukad lõhetäidisega (Estland)
Pīrāgi ar lasi (Lettland)
Pyragėliai su lašiša (Litauen)

Den Lachs kalt abspülen und in leicht gesalzenem Wasser garen. Den Porree waschen, putzen und in dünne Ringe schneiden. Dill und Schnittlauch fein hacken.
In einer Pfanne die Butter zerlassen und den Porree dünsten. Den Lachs mit einer Gabel zerpflücken, mit Porree und Kräutern gut vermengen, mit Salz und Pfeffer kräftig abschmecken. Die Sahne unterrühren.
Die Mischung in die Mitte eines jeden Teigstücks geben, zusammenklappen und die Ränder gut andrücken. Mit Eigelb einpinseln und im vorgeheizten Ofen bei 180° C etwa 15 Minuten backen, frittieren oder garen.

für 20-40 Stück

800 g Lachsfilet
3 Stangen Porree
4 Bund Dill
2 Bund Schnittlauch
40 g Butter
100 g Sahne
Eigelb zum Bestreichen

Piroggen mit Kohl
Pirukad kapsatäidisega (Estland)
Pīrāgi ar kāpostiem (Lettland)
Pyragėliai su kopūstais (Litauen)

für 20-40 Stück

1½ kg Kohl
2 Zwiebeln
40 g Butter
4 hart gekochte Eier
2 Eier
40 g Paniermehl
Eigelb zum Bestreichen

Den Kohl putzen und halbieren, den Strunk entfernen. Den Kohl in dünne Streifen schneiden, waschen und in einem Sieb abtropfen lassen. Die Zwiebeln fein hacken.
In einem Topf die Butter zerlassen und die Zwiebeln glasig dünsten. Die Kohlstreifen tropfnass hinzufügen und gar dünsten. Die Möhren abgießen, zugeben und abkühlen lassen. Die hart gekochten Eier pellen, fein hacken, die anderen beiden Eier aufgeschlagen hinzugeben. Paniermehl hinzufügen und alles gründlich vermengen, mit Salz und Pfeffer kräftig abschmecken.
Die Mischung in die Mitte eines jeden Teigstücks geben, zusammenklappen und die Ränder gut andrücken. Mit Eigelb einpinseln und im vorgeheizten Ofen bei 180° C etwa 15 Minuten backen, frittieren oder garen.

Varianten
Kohlpiroggen enthalten oft auch ausgelassenen Speck, Fleischreste oder Hackfleisch, das zuvor angebraten wurde.

◆

Salate
Salāti (Estland)
Salatid (Lettland)
Salotos (Litauen)

◆

Knackige Blattsalate gibt es mittlerweile auch im Baltikum, doch klassisch sind Kartoffel-, Herings- oder Wurzel- und Rote-Beten-Salat. Eine Sauce auf Basis von saurer Sahne ist im Baltikum das Dressing erster Wahl.

Salate

Kopfsalat
Lehesalat (Estland)
Lapu salāti (Lettland)
Gūžinės salotos (Litauen)

Den Salat waschen, putzen und in mundgerechte Stücke schneiden.
In einer Salatschüssel mit Saure-Sahne-Dressing I (Seite 168) oder III (Seite 169) anmachen.

1 Kopfsalat

Kopfsalat mit Speck
Lehesalat pekiga (Estland)
Lapu salāti at speķi (Lettland)
Gūžinės salotos su lašiniais (Litauen)

Den Salat waschen, putzen und in mundgerechte Stücke zupfen. Den Speck fein würfeln und in einer beschichteten Pfanne ausbraten, danach abkühlen lassen. Öl und Sirup verrühren, mit Salz und Pfeffer abschmecken. Alle Zutaten miteinander vermengen und die Kräuter unterheben.
Süßer Salat ist besonders beliebt als Beilage zu Fisch mit Salzkartoffeln.

1 Kopfsalat
50 g geräucherter Speck
4 EL Öl
2 EL Sirup (Moosbeere, Himbeere, Apfel oder Quitte)
4 EL frische Kräuter (Schnittlauch, Dill oder Petersilie)

Tomatensalat
Tomatisalat (Estland)
Tomātu salāti (Lettland)
Pomidorų salotos (Litauen)

6-8 Tomaten
1 Zwiebel

Die Tomaten entstielen und in Scheiben schneiden. Die Zwiebel fein hacken.
In einer Salatschüssel mischen und mit Saure-Sahne-Dressing I (Seite 168) anmachen.
Am beliebtesten sind für dieses Dressing Petersilie und Schnittlauch oder Kräutermischungen.

Variante
Für ein Salatbüfett wird gerne ein hart gekochtes und in Scheiben geschnittenes Ei unter den Salat gehoben.

Wurzelsalat
Juurviljasalat (Estland)
Sakņu salāti (Lettland)
Šakniavaisių salotos (Litauen)

Die Wurzeln putzen, waschen und raspeln. In einer Schüssel mit Saure-Sahne-Dressing (Seiten 168-169) anmachen, je nach Wurzelgemüse.

500 g Möhren oder Radieschen, Rettich, Steckrübe, Rote Beten

Varianten
Oft wird unter die Möhren noch ein Apfel gerieben und dann Dressing III verwendet. Steckrüben sollten Sie auf jeden Fall probieren, und zwar mit Dressing II oder III. Für die scharf schmeckenden Wurzeln ist Dressing I der Klassiker. Bei Roten Beten werden alle drei Dressings verwendet und oft Essig untergemengt. Wurzeln werden im Baltikum häufig mit Porree und Kohl kombiniert, dann wird in der Regel Dressing II verwendet, denn Kümmel ist ein bekanntes Hausmittel gegen Blähungen. Und Porree und Kohl können durchaus unangenehme Nebenwirkungen dieser Art haben.

Apfelsalat in Kombination mit verschiedenem Gemüse
Õunasalat mitme erineva köögivilja variatsioonidega (Estland)
Ābolu salāti ar dažādiem dārzeņiem (Lettland)
Obolių salotos su įvairiomis daržovėmis (Litauen)

2 säuerliche Äpfel
2 Stangen Porree oder
   300 g Knollensellerie
200 g Weiß- oder Rotkohl

Die Äpfel schälen, vierteln, das Kerngehäuse entfernen und die Viertel raspeln. Das Gemüse waschen, putzen und fein schneiden, raspeln oder hobeln.

In einer Salatschüssel mischen und mit Dressing II oder III (Seite 169) anmachen.

Wird das süße Dressing verwendet, wird meist noch etwas frische Meerrettichwurzel unter den Salat gerieben. Sie fördert ebenfalls die Verdauung.

Rote-Beten-Salat
Punase peedi salat (Estland)
Sarkano biešu salāti (Lettland)
Burokėlių salotos (Litauen)

Die Roten Beten waschen und je nach Größe in 15 bis 30 Minuten gar kochen. Abgießen, auskühlen lassen, schälen und fein würfeln. Den Kümmel zerstoßen und in einer beschichteten Pfanne erhitzen. Die Pfanne vom Herd nehmen, Essig und Zucker hineingeben, alles vermischen und die Restwärme der Pfanne nutzen. Die Marinade über die Roten Beten geben und alles über Nacht durchziehen lassen.
Am nächsten Tag mit Salz, Zitronensaft und Öl abschmecken.

am Vortag beginnen

500 g Rote Beten
1 TL Kümmel
4 EL Essig
1 TL Zucker
1 EL Zitronensaft
2 EL Sonnenblumenöl

Varianten
Dieser Salat lässt sich auch mit dem typischen Saure-Sahne-Dressing (Seiten 168-169) abschmecken. Im Herbst wird gerne ein gewürfelter Apfel zu den Roten Beten gegeben. Auch hart gekochte Eier sind nichts Ungewöhnliches. Rote-Beten-Salat wird mancherorts auch mit frisch geriebenem Meerrettich abgeschmeckt.

Kürbissalat
Kõvitsasalat (Estland)
Ķirbju salāti (Lettland)
Moliūgo salotos (Litauen)

500 g Kürbisfleisch
200 ml Apfelessig
80 g Zucker
3 Gewürznelken
1 Zimtstange
1 EL Öl

Den Kürbis schälen, Fasern und Kerne entfernen, das Fruchtfleisch in 1 cm große Würfel schneiden. Den Essig mit dem Zucker aufkochen, die Kürbiswürfel hineingeben, Nelken und Zimtstange einlegen. Alles je nach Kürbisart 5 bis 10 Minuten köcheln, bis das Fruchtfleisch bissfest ist. Erkalten lassen, Zimtstange und Nelken entfernen. Mit Salz und Pfeffer würzen, etwas Öl unterrühren.

Varianten
Zu diesem Salat passt ebenfalls ein Saure-Sahne-Dressing (Seiten 168-169). Beliebt ist auch das Untermischen von Speckwürfeln oder Sauerkraut. Porreeringe, Äpfelwürfelchen und hart gekochte Eierscheiben sind beliebte Zutaten im Kürbissalat.

Sauerkrautsalat
Hapukapsasalat (Estland)
Skābu kāpostu salāti (Lettland)
Raugintų kopūstų salotos (Litauen)

Das Sauerkraut ausdrücken und mit einer Gabel zerpflücken. Den Kümmel zerstoßen und in einer beschichteten Pfanne erhitzen. Die Sahne mit Zucker und Kümmel verrühren, unter das Sauerkraut mischen.

350 g Sauerkraut
1 TL Kümmel
100 g Sahne
1 EL Zucker

Varianten
Unter Sauerkrautsalat wird häufig geriebener Apfel oder auch geriebenes Wurzelgemüse wie Möhren, Petersilienwurzel oder Rettich gemengt. Auch Frühlingszwiebeln, Porree oder Schnittlauch sind würzende Zutaten.

Sauerkraut-Bohnen-Salat
Hapukapsa-oa-salat (Estland)
Skābu kāpostu un pupiņu salāti (Lettland)
Raugintų kopūstų ir pupelių salotos (Litauen)

Das Sauerkraut ausdrücken und mit einer Gabel zerpflücken. Die Bohnen in einem Sieb abtropfen lassen. Die Zwiebeln in Ringe schneiden. Das Öl erhitzen und die Zwiebeln anbraten. Den Kümmel zerstoßen und in einer beschichteten Pfanne erhitzen. Alle Zutaten miteinander verrühren, mit Salz und Pfeffer abschmecken.

300 g Sauerkraut
300 g dicke Bohnenkerne
  (aus der Dose)
2 Zwiebeln
4 EL Sonnenblumenöl
1 TL Kümmel
1 EL Zucker

Variante
Sauerkraut und Bohnen sind für uns eine ungewöhnliche Geschmackskombination. In Litauen werden zudem frische Moos- oder Preiselbeeren untergemischt.

Gurkensalat
Kurgisalat (Estland)
Gurķu salāti (Lettland)
Agurkų salotos (Litauen)

1 Salatgurke

Die Gurke schälen, mit einem Löffel entkernen, in dünne Scheiben schneiden oder grob hobeln. Salzen und 30 Minuten ruhen lassen, dann ausdrücken.
In einer Salatschüssel mit wenig gesalzenem Saure-Sahne-Dressing I (Seite 168) oder II (Seite 169) anmachen.
Auch im Baltikum ist zu Gurkensalat Dill das beliebteste Kraut.

Pilzsalat
Seenesalat (Estland)
Sēņu salāti (Lettland)
Grybų salotos (Litauen)

500 g Pilze
1 Zwiebel
50 g geräucherter Speck
2 EL Öl
4 EL Apfelessig
Zucker
½ Bund Schnittlauch

Die Pilze putzen und blättrig schneiden. Die Zwiebel fein hacken. Den Speck auslassen und die Zwiebel glasig dünsten. Die Pilze hinzufügen und braten, mit Salz und Pfeffer abschmecken. Öl und Essig verrühren, mit Salz, Pfeffer und Zucker abschmecken. Auf die noch lauwarmen Pilze geben und etwa eine Stunde durchziehen lassen.
Den Schnittlauch in Röllchen schneiden und kurz vor dem Servieren über den Salat streuen.

Diesen Salat kann man auch mit getrockneten oder Dosenpilzen zubereiten. Es reichen 50 g getrocknete Pilze, die mit heißem Wasser übergossen werden und über Nacht darin quellen, oder 250 g Dosenpilze. Auch zu diesem Salat passt ein Saure-Sahne-Dressing (Seiten 168-169).

Rigaer Kartoffelsalat
Rīgas gaļas salāti (Vistas gaļas salāti)
(Lettland)

Mit Neunauge ist der Salat typisch für Lettland, doch findet man diese Kombination ohne ihn in unzähligen Varianten im ganzen Baltikum.

Die Kartoffeln gründlich bürsten und in 20 Minuten garen, dann abkühlen lassen, pellen und würfeln. Die Roten Beten klein würfeln. Den Schweinebraten in kleine Streifen oder Würfel schneiden. Den Salzhering wässern, trocken tupfen und in Streifen schneiden. Das Neunaugenfleisch klein schneiden. Den Apfel schälen, vierteln, das Kerngehäuse entfernen und die Viertel fein würfeln. Die Gurken ebenfalls fein würfeln.
In einer Salatschüssel alles vermengen. Für das Dressing die saure Sahne mit Senf, Salz, Pfeffer und Zucker verrühren. Mit Essig und den Gewürzen nochmals abschmecken. Die Sauce unter den Salat heben und alles gut durchziehen lassen.

500 g Kartoffeln
200 eingelegte Rote Beten (Seite 98)
100 g zubereiteter Schweinebraten
1 küchenfertiger Salzhering oder 2 Matjesfilets
100 g geräucherte Neunaugen
1 säuerlicher Apfel
4 Essiggurken
300 g saure Sahne, Sahne oder Crème fraîche
1 EL Senf
Zucker
etwas Essig

Tipp
Neunaugen sind in Deutschland im Delikatessengeschäft zu bekommen.

Kartoffelsalat mit Pilzen
Kartulisalat seentega (Estland)
Gaļas salāti ar sēnēm (Lettland)
Bulvių salotos su grybais (Litauen)

600 g Kartoffeln
300 g Pfifferlinge
½ Bund Lauchzwiebeln
5 EL Sonnenblumenöl
4 EL Weißweinessig
100 ml Gemüsebrühe
1 Bund Schnittlauch

Die Kartoffeln gründlich bürsten und in 20 Minuten garen, dann abkühlen lassen, pellen und in Scheiben schneiden. Die Pfifferlinge mit einem Backpinsel reinigen, nicht waschen – sie saugen sonst zu viel Wasser auf und verlieren ihren Geschmack. Große Pilze halbieren oder vierteln. Die Lauchzwiebeln schräg in ½ cm breite Ringe schneiden. Den Schnittlauch in feine Röllchen schneiden.

Die Hälfte des Öls erhitzen, Pfifferlinge und Frühlingszwiebeln kurz darin anbraten. Mit Salz und Pfeffer würzen. Etwas abkühlen lassen und lauwarm mit Kartoffeln und Schnittlauch in eine Salatschüssel geben.

Aus dem restlichen Öl, dem Essig, der Brühe, Salz, Pfeffer und einer Prise Zucker eine Sauce herstellen. Den Salat damit übergießen, durchmischen und mindestens 30 Minuten durchziehen lassen.

Varianten
Natürlich gibt es diesen Salat in zahlreichen Abwandlungen und – wie sollte es anders sein – mit Saure-Sahne-Dressing (Seiten 168-169). Anstelle von Pilzen werden gerne gekochte Erbsen oder Möhren sowie Tomaten oder Gurken unter den Kartoffelsalat gemischt.

Heringssalat mit Roten Beten
Rosolje (Estland)

Rosolje ist das Nationalgericht der Esten, das auf keinem Büfett in Estland fehlen darf.

Die Heringe von den Schwänzen befreien und in dünne Streifen schneiden. Die Rote Bete schälen und mit der Gurke klein würfeln. Die Zwiebel sehr klein schneiden. Den Dill fein hacken.
Rote Bete, Gurke, Zwiebel, Hering und die Hälfte des Dills vermischen. 4 EL Sahne, Wodka, Senf und Essig unterrühren, mit Salz und Pfeffer abschmecken. Im Kühlschrank zwei Stunden ziehen lassen.
Das Ei pellen und in Scheiben schneiden. Den Salat nochmals abschmecken und auf vier Teller verteilen. Die Sahne darauf verteilen, mit Eischeiben und dem restlichen Dill garnieren. Dazu reicht man das typische dunkle Roggenbrot (Seite 201) und trinkt einen Wodka.

mindestens 2 Stunden vorher beginnen

4 gesalzene Matjesheringe (Bismarckheringe)
1 gekochte Rote Bete
1 Essiggurke
1 kleine Zwiebel
½ Bund Dill
150 g Sahne
2 EL Wodka
1 TL körniger Senf
1 TL Weißweinessig
1 hart gekochtes Ei

Varianten
Neben diesen wenigen Zutaten können auch Äpfel, kalter Braten oder Kartoffeln Bestandteile des Salats sein. Er ist eine Art Resteverwertungsessen, denn es lassen sich eine Menge alltägliche Lebensmittel untermengen, ohne den Geschmack wesentlich zu verändern.

Gehackte Heringe mit saurer Sahne
Heeringas hapukoorekastmes (Estland)
Siļķes gabaliņi ar skābu krējumu (Lettland)

8 gesalzene Heringsfilets
1 Zwiebel
1 Bund Dill oder Schnittlauch
etwas Petersilie
150 g saure Sahne
1 hart gekochtes Ei

Die Heringe wässern, von den Schwänzen befreien und grob hacken. Die Zwiebel sehr fein hacken. Den Dill und einen Teil der Petersilie fein hacken. Diese Zutaten in eine Schüssel geben, die saure Sahne unterheben, mit Salz und Pfeffer abschmecken.
Das Ei pellen und fein hacken. Die Heringe auf vier Teller verteilen, mit Ei und einem Petersilienzweig garnieren.
Dazu werden Salz- oder Pellkartoffeln (Seite 105) gereicht.

Variante
Auch dieses Rezept gibt es in unzähligen Varianten: mit Essig- oder Salatgurke – oder erweitert um Kartoffeln.

◆

Gemüsebeilagen und Eingelegtes
Aedviljalisandid ja hoidised (Estland)
Dārzeņu piedevas un konservi (Lettland)
Daržovių garnyrai ir marinatai (Litauen)

◆

Gemüse musste für die langen Wintermonate haltbar gemacht werden. Einkochen, Salzen und Marinieren waren dafür die wichtigsten Methoden, und so sind Sauerkraut und Essiggurken auch Spezialitäten des Baltikums.

Gebratene Pilze
Praetud seened (Estland)
Ceptas sēnes (Lettland)
Kepti grybai (Litauen)

Die Pilze putzen und blättrig schneiden. Die Zwiebel fein hacken.
In einer Pfanne die Butter zerlassen, Zwiebel und Pilze darin braten. Mit Salz und Pfeffer abschmecken.

500 g Pilze
1 Zwiebel
20 g Butter

Tipp
Um die Verdaulichkeit des Pilzgerichts zu erhöhen, gibt man 1 EL Apfelessig oder 1 TL Senf zu. Auch das Würzen mit Thymian ist mittlerweile im Baltikum sehr beliebt.

Panierte Pilze
Paneeritud seened (Estland)
Sēņu šnicele (Lettland)

Die Pilze putzen und blättrig schneiden. Eier, Mehl und Paniermehl auf je einen Teller geben und die Eier verschlagen. Die Pilzscheiben durch das Ei ziehen, im Mehl und dann im Paniermehl wenden.
In einer Pfanne die Butter zerlassen und die Pilze nach und nach von beiden Seiten goldgelb braten. Mit Salz und Pfeffer abschmecken. Die fertigen Pilze im Ofen warm halten.

600 g große Pilze
  (Champignons,
  Steinpilze)
2 Eier
2-4 EL Mehl
100 g Paniermehl
50 g Butter

Gebratene Rote Beten
Praetud punane peet (Estland)
Ceptas sarkanās bietes (Lettland)

600 g Rote Beten
30 g Butter

Die Roten Beten gründlich waschen und in leicht gesalzenem Wasser je nach Stärke in etwa 30 Minuten gar kochen. Das Kochwasser abgießen und die Roten Beten auskühlen lassen. Schälen und in 1 cm dicke Scheiben schneiden. In einer Pfanne die Butter zerlassen und die Roten Beten bei schwacher Hitze von beiden Seiten 2 Minuten braten. Mit Salz und Pfeffer würzen. Dazu etwas saure Sahne reichen oder einen Saure-Sahne-Dip (Seite 166) mit frischen Kräutern.

Eingelegte Pilze
Marineeritud seened (Estland)
Marinētas sēnes (Lettland)
Marinuoti grybai (Litauen)

1 kg Pilze
1 Bund Dill oder andere Kräuter
250 ml milder Essig (etwa Apfelessig)
50 g Zucker
10 Pfefferkörner

Die Pilze gründlich putzen und große Exemplare in Scheiben schneiden. Den Dill grob hacken. Beides in Gläser einschichten. Den Essig mit 250 ml Wasser, Zucker, 1 EL Salz und Pfefferkörnern aufkochen. Den Sud über die Pilze gießen, bis die Gläser randvoll sind. Verschließen und 14 Tage an einem kalten Ort durchziehen lassen.
Die Pilze innerhalb der nächsten Tage verzehren.

Eingelegte Gurken
Hapukurgid (Estland)
Marinēti gurķi (Lettland)
Marinuoti agurkai (Litauen)

Die Gurken gründlich waschen und von Stielansätzen und Blütenresten befreien. Mit dem Salz bestreuen und über Nacht einweichen.
Am nächsten Tag den Knoblauch halbieren oder in Scheiben schneiden. Dill und Johannisbeerblätter waschen und trocken tupfen. Die Gurken mit einem sauberen Tuch trocken reiben, mit Dill und Johannisbeerblättern in Einmach- oder Schraubgläser geben. 250 ml Wasser, Essig, 1 EL Salz und Zucker aufkochen. Den Sud über die Gurken gießen, bis die Gläser randvoll sind. Verschließen und 14 Tage an einem kalten Ort durchziehen lassen.
Die Gurken innerhalb der nächsten Wochen verzehren.

am Vortag beginnen

3 kg kleine Gurken
10-20 EL Salz
5 Knoblauchzehen
10 Dillzweige (möglichst mit Blüten)
9 schwarze Johannisbeerblätter
¾ l Weißwein- oder Apfelessig
250 g Zucker

Tipp
Will man sich einen Wintervorrat an Gurken einlegen, sollte man die Gläser im Einkochtopf bei 80° C 10 Minuten einkochen, dann halten sie wesentlich länger.

Variante
Es gibt im Baltikum sicher so viele Gurkenrezepte, wie es Haushalte gibt, in denen Gurken eingekocht werden. Typisch ist sicherlich die Verwendung von Dill, doch auch Zwiebeln, Lorbeerblätter und Nelken sind gebräuchliche Gewürze für eingelegte Gurken.

Eingelegte Rote Beten
Marineeteritud peedid (Estland)
Marinētas sarkanās bietes (Lettland)
Marinuoti raudonieji burokėliai (Litauen)

1½ kg Rote Beten oder
   kleine Rüben
500 ml milder Essig
   (etwa Apfelessig)
250 g Zucker
1 Lorbeerblatt
2 Gewürznelken
3-6 Koriandersamen

Die Roten Beten gründlich waschen und in leicht gesalzenem Wasser in etwa 15 Minuten gar kochen. Das Kochwasser abgießen und die Roten Beten auskühlen lassen. Schälen und in Gläser füllen.
Den Essig mit den übrigen Zutaten aufkochen. Den Sud über die Roten Beten gießen, bis die Gläser randvoll sind. Verschließen und 14 Tage an einem kalten Ort durchziehen lassen.
Die Roten Beten innerhalb der nächsten Wochen verzehren.

Variante
Mit Zimtstange gewürzt, schmecken sie besonders gut.

Eingelegte Kübisstückchen
Marineeteritud kõrvits (Estland)
Marinēti ķirbju gabaliņi (Lettland)
Marinuoti moliūgo gabaliukai (Litauen)

1½ kg Kürbisfleisch
1 Zwiebel
250 ml milder Essig
350 g Zucker
1 Zimtstange

Den Kürbis schälen, Fasern und Kerne entfernen, das Fruchtfleisch in Stücke schneiden. Die Zwiebel fein hacken.
250 ml Wasser mit Essig, Zucker und der Zimtstange aufkochen. Kürbisstücke und Zwiebel hinzugeben und in 10 Minuten weich kochen. Die Kürbisstücke mit dem Sud in Gläser abfüllen und 14 Tage an einem kalten Ort durchziehen lassen.

Panierter Kürbis
Cepts panēts ķirbis (Lettland)

Den Kürbis schälen, Fasern und Kerne entfernen, das Fruchtfleisch in 1 cm dicke Scheiben schneiden. Mit Zitronensaft beträufeln. Eier, Mehl und Paniermehl auf je einen Teller geben und die Eier verschlagen. Die Kürbisscheiben durch das Ei ziehen, im Mehl und dann im Paniermehl wenden.
In einer Pfanne die Butter zerlassen und die Kürbisscheiben von beiden Seiten goldgelb braten. Mit Salz und Pfeffer abschmecken.

1 kg Kürbisfleisch
½ Zitrone (Saft)
2 Eier
2-4 EL Mehl
100 g Paniermehl
50 g Butter

Sellerieklopse
Sellerikotletid (Estland)
Seleriju kotletes (Lettland)

Den Sellerie waschen, putzen und fein reiben. Mit Zitronensaft beträufeln. Die Zwiebel fein hacken und zugeben. Die Haferflocken mit Milch übergießen und quellen lassen.
Alles zusammengeben, die Eier darin aufschlagen und vermengen. Mit Salz, Pfeffer und Muskat abschmecken. Zu Klopsen formen und in Paniermehl wenden.
In einer Pfanne Butter und Öl erhitzen und die Klopse von allen Seiten goldbraun braten.

für 8 Stück
1 Sellerieknolle (400 g)
½ Zitrone (Saft)
1 Zwiebel
100 g Haferflocken
100 ml Milch
2 Eier
geriebene Muskatnuss
4 EL Paniermehl
20 g Butter
2 EL Öl

Steckrübenschnitzel
Praetud kaalikas (Estland)
Rācenu šnicele (Lettland)

1 große Steckrübe
½ Zitrone (Saft)
2 Eier
2-4 EL Mehl
100 g Paniermehl
50 g Butter

Die Steckrübe gründlich waschen, schälen und in Scheiben schneiden. In leicht gesalzenem Wasser in 10 bis 15 Minuten gar kochen. Das Kochwasser abgießen, die Steckrüben abkühlen lassen. Mit Zitronensaft beträufeln, mit Salz und Pfeffer würzen.

Eier, Mehl und Paniermehl auf je einen Teller geben und die Eier verschlagen. Die Steckrübenschnitzel durch das Ei ziehen, im Mehl und dann im Paniermehl wenden.

In einer Pfanne die Butter zerlassen und die Scheiben von beiden Seiten goldgelb braten. Mit Salz und Pfeffer abschmecken.

Gedünstetes Sauerkraut
Hapukapsad (Estland)
Sautēti skābi kāposti (Lettland)
Troškinti rauginti kopūstai (Litauen)

Die Zwiebel fein hacken. In einem Topf das Schmalz erhitzen und die Zwiebel glasig dünsten. Das Sauerkraut hinzufügen, mit Zucker, Salz und einer Prise Kümmel abschmecken. 30 bis 60 Minuten dünsten, dabei immer wieder etwas Brühe nachgießen, damit das Sauerkraut nicht anbrennt, aber schön weich wird.

1 Zwiebel
40 g Butterschmalz
500 g Sauerkraut
1 EL Zucker
zerstoßener Kümmel
100-200 ml Brühe

Varianten
Neben klein geschnittenen Äpfeln werden auch Möhren oder Dill, grüne Erbsen, Sellerieraspel oder Porree mitgedünstet. Auch Graupen oder Kartoffelstückchen werden unter das Sauerkraut gemengt. Manchmal werden Paniermehl oder gebräunte Butter über das Sauerkraut gegeben. Und natürlich ist ein Klecks saure Sahne fast ein Muss.

Sauerkraut mit Graupen
Mulgikapsad (Estland)

mindestens 2-3 Stunden vorher beginnen
für 6-8 Personen

500 g durchwachsener Speck
2 Zwiebeln
2 EL Öl
1 kg Sauerkraut
1 Becher Gerstengraupen (200 ml)
1 TL Zucker

Den Speck klein würfeln. Die Zwiebeln fein hacken.
In einem großen Topf das Öl erhitzen und die Zwiebeln glasig dünsten. Das Sauerkraut dazugeben. Den Speck mit den Gerstengraupen untermengen. Mit 1 TL Salz und Zucker würzen, mit 600 ml Wasser bedecken und zwei bis drei Stunden kochen, bis Sauerkraut und Gerste weich sind. Falls nötig, Wasser nachgießen.
Als Hauptgericht mit Roggenbrot (Seiten 201-203) servieren. Damit es zum estnischen Nationalgericht wird, gehört noch Blutwurst dazu.

Kartoffelgerichte
Kartulisöögid (Estland)
Katupeļi ēdieni (Lettland)
Bulvių patiekalai (Litauen)

Auch wenn erst im 18. Jahrhundert die Kartoffel ins Baltikum kam, so ist sie heute aus allen drei Küchen nicht mehr wegzudenken und stellt ein wichtiges Grundnahrungsmittel dar.

Pellkartoffeln
Koorega katulid (Estland)
Kartupeļi ar mizu (Lettland)
Bulvės su lupenomis (Litauen)

Die Kartoffeln gründlich bürsten und in einem Topf mit Wasser bedecken. Kümmel, 1 TL Salz und Zucker hinzufügen. Zum Kochen bringen und je nach Größe in 20 Minuten garen. Das Kochwasser abgießen und die Kartoffeln abdampfen lassen. Mit Dill garnieren und heiß servieren.
Pellkartoffeln werden als Hauptgang mit verschiedenen Saucen serviert oder sind Beilage zu anderen Gerichten.

1 kg Kartoffeln
1 EL Kümmel
1 TL Zucker
4 EL fein gehackter Dill

Kartoffeln mit Butter und Eiern
Kartul või ja munaga (Estland)
Kartupeļi ar sviestu un olām (Lettland)
Bulvės su sviestu ir kiaušiniais (Litauen)

Dieses Gericht wurde früher traditionell zum Frühstück gegessen.

Die Kartoffeln schälen und in leicht gesalzenem Wasser in etwa 20 Minuten garen.
Die Eier pellen und fein hacken. Die Butter zerlassen. Aus Butter, saurer Sahne und Eiern einen Dip herstellen.
Die Kartoffeln schälen und den Dip auf den Kartoffeln verteilen.

für 2 Personen

10 Kartoffeln
2 hart gekochte Eier
1 EL Butter
1 EL saure Sahne

Gebackene Kartoffeln
Ahjukartulid (Estland)
Krāsnī cepti kartupeļi (Lettland)
Keptos bulvės (Litauen)

für 2 Personen

10 Kartoffeln
2 EL Öl
Kümmel

Die Kartoffeln schälen und halbieren. Das Öl in eine Schüssel geben und die Kartoffeln mehrfach darin wenden. Den Ofen auf 180° C (Umluft 160° C) vorheizen.
Die Kartoffelhälften auf ein mit Backpapier ausgelegtes Blech setzen, mit Kümmel und Salz bestreuen. In 30 Minuten oder länger garen, bis sie leicht gebräunt sind.
Dieses Kartoffelgericht wird mit Joghurt oder Dickmilch als Abendbrot gereicht. Gebackene Kartoffeln sind aber auch eine beliebte Beilage zu Fleischgerichten.

Kartoffeln mit Speck
Kartulid pekiga (Estland)
Kartupeļi ar speķi (Lettland)
Bulvės su lašiniukais (Litauen)

Ursprünglich ist dies ein altes Schäfergericht. Die Hirten schälten die Kartoffeln jedoch nicht, sondern legten sie nur gefüllt in die heiße Asche des Lagerfeuers.

8 Kartoffeln
100 g Schinkenspeck
1 Zwiebel
Öl

Die Kartoffeln schälen, längs halbieren und aushöhlen. Die Schinkenspeck fein würfeln, die Zwiebel fein hacken. Beides mischen, mit Salz und Pfeffer würzen. Die Füllung in den Kartoffeln verteilen und diese wieder schließen. Den Ofen auf 180° C (Umluft 160° C) vorheizen.
Die gefüllten Kartoffeln auf ein eingeöltes Backblech setzen und in 30 Minuten oder länger garen, bis sie leicht gebräunt sind.
Die Kartoffeln werden mit Sauerkraut oder Dickmilch gegessen.

Gefüllte Ofenkartoffeln
Täidetud ahjukartulid (Estland)
Pildīti krāsnī cepti kartupeļi (Lettland)
Mėsa įdarytos bulvės (Litauen)

Die Kartoffeln gründlich waschen, längs halbieren und aushöhlen. Die Zwiebel fein hacken.
In einer Pfanne die Butter zerlassen und die Zwiebel glasig dünsten. Das Hackfleisch darin anbraten, mit Salz und Pfeffer abschmecken.
Die Füllung in den Kartoffeln verteilen und diese wieder schließen. Den Ofen auf 180° C (Umluft 160° C) vorheizen.
Die gefüllten Kartoffeln auf ein eingeöltes Backblech setzen und in 45 Minuten oder länger garen, bis sie leicht gebräunt sind.
Dies Gericht wird am Mittag mit gebräunter Butter oder saurer Sahne gegessen.

8 Kartoffeln
1 Zwiebel
50 g Butter
250 g Hackfleisch vom Schwein

Geschmorte Kartoffeln mit Äpfeln und Backpflaumen
Hautatud kartulid pekiga õunte ja ploomidega (Estland)
Troškintos bulvės su obuoliais ir keptomis slyvomis (Litauen)

Die Kartoffeln schälen und würfeln. Den Schinkenspeck fein würfeln. Beides in einen Bräter geben und in etwas Wasser schmoren. Die Äpfel schälen, vierteln, das Kerngehäuse entfernen und die Viertel würfeln. Die Backpflaumen grob hacken. Die Zwiebel fein hacken. Diese Zutaten mit der sauren Sahne nach etwa 10 Minuten Garzeit hinzufügen. Mit Kümmel, Salz und Pfeffer würzen und alles weitere 10 Minuten schmoren.
Dazu wird traditionell Sauerkraut serviert.

12 Kartoffeln
100 g Schinkenspeck
4 Äpfel
10 Backpflaumen
1 Zwiebel
250 g saure Sahne
1 TL Kümmel

Kartoffelauflauf mit Pilzen
Kartulivormiroog seentega (Estland)
Kartupeļu sacepums ar sēnēm (Lettland)
Bulvių ir grybų apkepas (Litauen)

mindestens 2 Stunden vorher beginnen

100 g getrocknete Steinpilze
10 Kartoffeln
2 Zwiebeln
3 Eier
50 g Butter
150 g saure Sahne

Die Pilze in kaltem Wasser mindestens zwei Stunden einweichen, abtropfen lassen, dabei 1 Tasse Wasser auffangen. Die Kartoffeln schälen, in Scheiben schneiden und in leicht gesalzenem Wasser 3 bis 5 Minuten vorgaren. Die Zwiebeln fein hacken. Die Eier miteinander verschlagen. Eine feuerfeste Form mit etwas Butter einfetten und den Ofen auf 180° C (Umluft: 160° C) vorheizen.

Kartoffeln, Zwiebeln und Pilze in die Auflaufform schichten, mit einer Lage Kartoffeln abschließen. Das Pilzwasser mit der Butter erhitzen und darübergeben. Die Eier mit der sauren Sahne vermengen und auf dem Auflauf verstreichen. Auf mittlerer Schiene etwa 40 Minuten backen.

Dieser Auflauf wird traditionell mit Sauerkraut, Dillgurken und gebräunter Butter gegessen.

Kartoffel-Hackfleisch-Auflauf
Kartuli-hakklihavormiroog (Estland)
Kartupeļu un maltās gaļas sacepums (Lettland)
Bulvių ir maltos mėsos apkepas (Litauen)

Die Pilze in kaltem Wasser mindestens zwei Stunden einweichen, abtropfen lassen, dabei 1 Tasse Wasser auffangen. Die Pilze fein hacken. Die Kartoffeln schälen, in Scheiben schneiden und in leicht gesalzenem Wasser 15 Minuten vorgaren. Die Zwiebel fein hacken. Butter zerlassen und die Zwiebel glasig dünsten. Das Hackfleisch hinzufügen und krümelig braten. Mit Salz und Pfeffer würzen. Das Ei darüberschlagen und unter Wenden braten. Die Pilze in dem Einweichwasser weich kochen. Den Ofen auf 180° C (Umluft: 160° C) vorheizen. Eine Auflaufform einfetten und mit der Hälfte der Kartoffelscheiben auslegen. Die Hackfleischmasse darauf verteilen und diese mit einer Lage Kartoffeln bedecken. Die Pilze mit Flüssigkeit darauf verteilen. Mit saurer Sahne begießen, mit Paniermehl bestreuen. Auf mittlerer Schiene etwa 20 Minuten backen.
Dieser Auflauf wird traditionell mit Sauerkraut und Essiggurken gegessen.

mindestens 2 Stunden vorher beginnen

5 getrocknete Steinpilze
10 Kartoffeln
1 Zwiebel
20 g Butter
500 g Hackfleisch vom Schwein
1 Ei
125 g saure Sahne
1 EL Paniermehl

Kartoffel-Hering-Auflauf
Kartuli-heeringavormiroog (Estland)
Kartupeļu un siļķes sacepums (Lettland)
Bulvių ir silkų apkepas (Litauen)

1 kg Kartoffeln
6 Heringsfilets
2 Zwiebeln
1 EL Butter
250 g saure Sahne

Die Kartoffeln schälen, in Scheiben schneiden und in leicht gesalzenem Wasser 3 bis 5 Minuten vorgaren. Die Heringsfilets in Streifen schneiden. Die Zwiebeln fein hacken. Den Ofen auf 180° C (Umluft: 160° C) vorheizen.
Eine feuerfeste Form mit etwas Butter einfetten, Kartoffeln, Zwiebeln und Heringe hineinschichten, mit einer Lage Kartoffeln abschließen. Die saure Sahne auf dem Auflauf verstreichen. Auf mittlerer Schiene etwa 40 Minuten backen.

Kräuterkartoffeln
Troškė (Litauen)

Dies Gericht wird bevorzugt im Süden Litauens während des Sommers zu Rote-Beten-Suppe gegessen.

12 Kartoffeln
250 ml saure Sahne
250 ml Buttermilch
2 Bund Schnittlauch
½ Bund Dill
½ Bund Petersilie
½ TL Majoran

Die Kartoffeln schälen und in leicht gesalzenem Wasser garen. Die saure Sahne mit der Buttermilch vermengen. Die Kräuter fein hacken und unterrühren. Die Sauce salzen und über die abgedampften Kartoffeln in den Topf geben. Alles bei schwacher Hitze erwärmen, nicht kochen.

Bechamelkartoffeln mit Rührei
Kartupeļi ar olu kulteni un mērci (Lettland)
Bulvės Bešamelio padaže su plakta
kiaušiniene (Litauen)

Dies ist ein typisches Abendessen in Lettland und Litauen.

Die Kartoffeln schälen und in Scheiben schneiden. Die Milch erhitzen, leicht salzen und die Kartoffelscheiben in 15 bis 20 Minuten garen. Die Zwiebel fein würfeln. Die Eier aufschlagen und in einer Schüssel verquirlen. In einer Pfanne den Speck auslassen und die Zwiebel glasig dünsten. Die Stärke darübergeben und anschwitzen. Die Eier hinzufügen und stocken lassen. Die gegarten Kartoffelscheiben auf Teller verteilen und das Rührei darübergeben. Dazu werden Sauerkraut oder Dillgurken gereicht.	*10 Kartoffeln* *500 ml Milch* *1 Zwiebel* *3 Eier* *100 g Speckwürfel* *2 EL Speisestärke*

Erbsen-Kartoffel-Püree
Herne-kartulipuder (Estland)
Zirņu katupeļu biezenis (Lettland)
Bulvinė kiunkė su žirniais (Litauen)

Im westlichen Litauen war dies ein typisches Gericht zum Frühstück.

am Vortag beginnen

250 g getrocknete grüne Erbsen
3 Kartoffeln
1 Zwiebel
50 g Speckwürfel

Die Erbsen in kaltem Wasser über Nacht einweichen.
Am nächsten Tag in ausreichend Wasser kochen, bis sie weich und gar sind. Die Kartoffeln schälen, in Stücke schneiden und in leicht gesalzenem Wasser in 15 bis 20 Minuten garen. Die Zwiebel fein hacken.
In einer Pfanne den Speck auslassen und die Zwiebel glasig dünsten. In einer Schüssel die Erbsen und die Kartoffeln zerdrücken, Speck und Zwiebel darübergeben.
Dazu isst man Sauerkraut und Dickmilch.

Kartoffelpüree mit dicken Bohnen
Kartulipuder põldubadega (Estland)
Biezenis ar lielām pupām (Lettland)
Kiunkė su pupomis (Litauen)

am Vortag beginnen

250 g getrocknete dicke Bohnen
3 Kartoffeln

Die Bohnen in kaltem Wasser über Nacht einweichen.
Am nächsten Tag in ausreichend Wasser kochen, bis sie weich und gar sind. Die Kartoffeln schälen, in Stücke schneiden und in leicht gesalzenem Wasser in 15 bis 20 Minuten garen.
In einer Schüssel Bohnen und Kartoffeln zerdrücken, mit Salz würzen.
Auch dieses Gericht wird mit Sauerkraut, Dillgurken und Dickmilch zum Frühstück serviert.

Kartoffelgerichte

Kartoffelpüree mit Sauerkraut
Kartulipuder hapukapsastega (Estland)
Biezenis ar skābiem kāpostiem (Lettland)
Kiunkė su raugintais kopūstais (Litauen)

Dies Gericht wurde insbesondere im Sommer abends nach der Feldarbeit gegessen. Es ist aber auch eine beliebte Beilage zu Fleischgerichten.

Die Kartoffeln schälen, in Stücke schneiden, in leicht gesalzenem Wasser in 15 bis 20 Minuten garen. Das Sauerkraut hinzufügen und alles weitere 15 Minuten garen. Die Zwiebel fein hacken. In einer Pfanne den Speck auslassen, die Zwiebel glasig dünsten. Die Kartoffel-Sauerkraut-Mischung abgießen, zerdrücken, Speck und Zwiebel unterrühren. Mit Salz abschmecken.

500 g Kartoffeln
500 g Sauerkraut
1 Zwiebel
200 g Speckwürfel

Geriebener Kartoffelkuchen
Riivitud kartulikook (Estland)
Rīvētu kartupeļu pudiņš (Lettland)
Kugelis (Litauen)

Die Kartoffeln schälen und reiben. Den Kartoffelsaft ausdrücken, etwas zur Seite stellen, das meiste jedoch wegschütten. Die Milch zum Kochen bringen und heiß über die Kartoffeln gießen. Die Zwiebeln fein hacken.
In einer Pfanne die Butter zerlassen und die Zwiebeln glasig dünsten. Mit Eiern und Kartoffelsaft unter die erkaltete Kartoffelmasse rühren, salzen. Den Ofen auf 180° C vorheizen.
Eine Auflaufform einfetten und die Kartoffelmasse etwa 4 cm hoch einfüllen. Auf mittlerer Schiene etwa 20 Minuten backen, bis die Oberfläche leicht gebräunt ist.
Den Kartoffelkuchen in Rechtecke schneiden. Dazu reicht man gebratene Scheiben Speck mit gerösteten Zwiebelringen und saure Sahne.

1 kg Kartoffeln
250 ml Milch
2 Zwiebeln
1 EL Butter
2 Eier

Kartoffelkuchen mit Speck
Kartulikook pekiga (Estland)
Kartupeļu pudiņš ar speķi (Lettland)
Bulvių plokštainis su spirgučiais (Litauen)

1 kg Kartoffeln
300 g Schinkenspeck
2 Zwiebeln
1 EL Butter
2 Eier

Die Kartoffeln schälen und reiben. Den Kartoffelsaft ausdrücken, etwas zur Seite stellen, das meiste jedoch wegschütten. Den Schinkenspeck fein würfeln und in einer Pfanne auslassen. Noch heiß unter die geriebenen Kartoffeln heben. Die Zwiebeln fein hacken.
In einer Pfanne Butter zerlassen und die Zwiebeln glasig dünsten. Mit Eiern und Kartoffelsaft unter die Kartoffelmasse rühren, mit Salz und Pfeffer würzen. Den Ofen auf 180° C vorheizen. Eine Auflaufform einfetten und die Kartoffelmasse etwa 4 cm hoch einfüllen. Auf mittlerer Schiene etwa 40 Minuten backen, bis die Oberfläche leicht gebräunt ist.
Den Kartoffelkuchen in Rechtecke schneiden.

Kartoffel-Sauerkraut-Topf
Karutuli-hapukapsa pajatoit (Estland)
Kartupeļu un skābu kāpostu podiņš (Lettland)
Troškė su raugintais kopūstais (Litauen)

10 Kartoffeln
200 g Schinkenspeck
2 Zwiebeln
250 g Sauerkraut

Die Kartoffeln gründlich waschen und in leicht gesalzenem Wasser in etwa 20 Minuten garen. Abgießen, schälen und in dicke Scheiben schneiden. Den Schinkenspeck fein würfeln. Die Zwiebeln fein hacken. Den Schinkenspeck auslassen und die Zwiebeln glasig dünsten.
Eine Pfanne oder einen Schmortopf leicht einfetten, die Kartoffelscheiben hineinlegen, mit Salz und Pfeffer würzen. Die Speck-Zwiebel-Masse darauf verteilen, mit dem Sauerkraut bedecken und alles zugedeckt etwa 15 Minuten köcheln.
Das Gericht wird mit Dickmilch oder auch Joghurt als Abendessen serviert.

Kartoffelkuchen mit Schweinefleisch
Kartulikook sealihaga (Estland)
Kartupeļu pudiņš ar cūkgaļu (Lettland)
Bulvių plokštainis su kiauliena (Litauen)

Die Kartoffeln schälen und reiben. Den Kartoffelsaft ausdrücken, etwas zur Seite stellen, das meiste jedoch wegschütten. Die Milch zum Kochen bringen und heiß über die Kartoffeln gießen. Die Zwiebeln fein hacken.
In einer Pfanne die Butter zerlassen und das Fleisch von allen Seiten anbraten, danach die Zwiebeln darin glasig dünsten. Zwiebeln, Eier und Kartoffelsaft unter die erkaltete Kartoffelmasse rühren, salzen. Den Ofen auf 180° C vorheizen.
Eine Auflaufform einfetten und die Hälfte der Kartoffelmasse einfüllen. Mit Salz, Pfeffer und Majoran würzen. Das angebratene Fleisch darauf verteilen und es mit der restlichen Kartoffelmasse bedecken. Auf mittlerer Schiene etwa 40 Minuten backen, bis die Oberfläche leicht gebräunt ist.
Den Kartoffelkuchen in Rechtecke schneiden.

1 kg Kartoffeln
250 ml Milch
2 Zwiebeln
2 EL Butter
300 g Schweinegulasch
2 Eier
½ TL Majoran

Varianten
Statt Schweinegulasch kann man gewürfelte Hähnchenbrust verwenden. Auch mit Schweinefüßen ist das Gericht sehr beliebt: Dafür werden die Schweinefüße längs halbiert und in Salzwasser vorgegart. Dann werden sie in die Auflaufform gegeben, mit der Kartoffelmasse bedeckt und im Ofen weitergegart.
Eine Variante im Spätsommer verwendet gebratene frische Pilze. Über den Winter hilft man sich mit getrockneten Pilzen, die natürlich vorher eingeweicht werden müssen.

Kartoffelkuchen mit Quark
Kartulikook kohupiimaga (Estland)
Kartupeļu pudiņš ar biezpienu (Lettland)
Bulvių plokštainis su varške (Litauen)

1 kg Kartoffeln
250 ml Milch
2 Zwiebeln
50 g Speckwürfel
2 Eier
300 g Quark
1 TL Zucker
1 TL Estragon
1 EL Butter oder saure Sahne

Die Kartoffeln schälen und reiben. Den Kartoffelsaft ausdrücken und wegschütten. Die Milch zum Kochen bringen und heiß über die Kartoffeln gießen. Die Zwiebeln fein hacken.
In einer Pfanne die Speckwürfel auslassen und die Zwiebeln glasig dünsten. Beides mit Eiern und Quark verrühren, mit Salz, Zucker und Estragon würzen. Den Ofen auf 180° C vorheizen. Eine Auflaufform einfetten und die Hälfte der Kartoffelmasse einfüllen. Den Quark darauf verteilen und mit der restlichen Kartoffelmasse bedecken. Auf mittlerer Schiene etwa 20 Minuten backen, bis die Oberfläche leicht gebräunt ist.
Den Kartoffelkuchen in Rechtecke schneiden. Dazu wird zerlassene Butter oder saure Sahne gereicht.

Zeppelins (Kartoffelklöße)
Cepelinai (Didžkukuliai) (Litauen)

Dies ist das litauische Nationalgericht, das es so in den anderen Ländern des Baltikums nicht gibt. Zeppelins werden je nach Jahreszeit unterschiedlich gefüllt. Die Fleisch- und Speckfüllung ist am weitesten verbreitet. Serviert werden die Kartoffelklöße mit viel geschmolzener Butter, mit Speck- oder auch Zwiebelwürfeln sowie saurer Sahne.

Die Kartoffeln schälen, fein reiben und in ein Geschirrtuch geben. Die Flüssigkeit ausdrücken, auffangen und zur Seite stellen, damit sich die Stärke absetzt. Die Stärke vom Kartoffelwasser trennen und mit den geriebenen Kartoffeln in eine Schüssel geben. Die gekochten Kartoffeln ebenfalls reiben und zugeben. Das Ganze salzen und gründlich miteinander vermengen. Den Kartoffelteig portionieren und jeweils eine runde flache Form bilden, in deren Mitte 1 EL Füllung geben. Die Füllung mit dem Teig umschließen und zu einem ovalen, handinnenflächengroßen Kloß formen. In siedendem Salzwasser in etwa 30 Minuten garen.

für 8-12 Stück

1 kg Kartoffeln
4 gekochte Kartoffeln

Hackfleischfüllung

Die Zwiebel fein hacken. Butter zerlassen und die Zwiebel glasig dünsten. Zum Hackfleisch geben, mit Majoran, Salz und Pfeffer würzen, gut durchkneten. Mit einem Esslöffel die Fleischmasse auf den Kartoffelteig geben und so die Zeppelins füllen.

1 Zwiebel
1 EL Butter
300 g Hackfleisch
1 TL Majoran

300 g Frühstücksspeck
   am Stück
1 Bund Schnittlauch
1 Ei

Schinkenfüllung
Den Frühstücksspeck in kochendem Wasser garen, dann fein würfeln. Den Schnittlauch in Röllchen schneiden. Beides in eine Schüssel geben, das Ei hineinschlagen, mit Salz und Pfeffer würzen. Mit einem Esslöffel die Schinkenmasse auf den Kartoffelteig geben und so die Zeppelins füllen.

30 g Schinkenspeck
½ Bund Dill
300 g Quark
1 Ei
1 EL saure Sahne
30 g Butter

Quarkfüllung
In einer Pfanne den Schinkenspeck auslassen. Den Dill fein hacken. In einer Schüssel alle Zutaten gründlich vermengen. Mit einem Esslöffel die Quarkmasse auf den Kartoffelteig geben und so die Zeppelins füllen.

50 g getrocknete Pilze
100 g Frühstücksspeck
2 Zwiebeln
1 EL Butter
1 Ei
2 EL Paniermehl

Pilzfüllung
Die Pilze in warmem Wasser einweichen, weich kochen und in einem Sieb abtropfen lassen. Den Frühstücksspeck in Streifen schneiden und mit den Pilzen pürieren. Die Zwiebeln fein hacken. Butter zerlassen und die Zwiebeln glasig dünsten. In einer Schüssel alle Zutaten gründlich vermengen, mit Salz und Pfeffer würzen. Mit einem Esslöffel die Pilzmasse auf den Kartoffelteig geben und so die Zeppelins füllen.

2 Heringsfilets
1 Bund Dill oder Schnittlauch
1 Ei
2 EL Paniermehl

Heringsfüllung
Die Heringsfilets sehr fein hacken. Den Dill fein hacken oder den Schnittlauch in Röllchen schneiden. In einer Schüssel alle Zutaten gründlich vermengen, mit Salz und Pfeffer würzen. Mit einem Esslöffel die Heringsmasse auf den Kartoffelteig geben und so die Zeppelins füllen.

Kartoffelpuffer
Karutulikotlet (Estland)
Kartupeļu pudiņš (Lettland)
Bulviniai blynai (Litauen)

Kartoffelpfannkuchen werden auch schon zum Frühstück gegessen.

Die Kartoffeln schälen und fein reiben. Die Eier hinzufügen, salzen und alles gut miteinander verrühren.
In einer Pfanne das Öl erhitzen. Jeweils Häufchen von 2 bis 3 EL Kartoffelteig ins Fett geben und von beiden Seiten goldgelb braten. Mit dem restlichen Teig auf gleiche Weise verfahren.
Dazu wird traditionell saure Sahne und ausgelassener Schinken gereicht.

1 kg Kartoffeln
2 Eier
Öl zum Braten

Variante
Auch hier sind verschiedene Varianten beliebt: So werden geriebene Möhren oder aber frische Kräuter und Zwiebeln oder auch Speck zum Teig gegeben.

Kartoffelpuffer mit Milch
Karutulikotlet piimaga (Estland)
Kartupeļu pudiņš ar pienu (Lettland)
Bulviniai blynai užplikyti pienu (Litauen)

für 8 Personen

2 kg Kartoffeln
250 ml Milch
3 Eier
Öl zum Braten

Die Kartoffeln schälen und fein reiben. Die Milch erhitzen, über die Kartoffeln gießen und gut vermengen. Die Eier trennen. Die Eigelbe hinzufügen, salzen und alles gut miteinander verrühren. Das Eiweiß steif schlagen und unter die Kartoffelmasse heben.
In einer hohen Pfanne reichlich Öl erhitzen. Jeweils 1 EL Kartoffelteig ins Fett tropfen lassen und von allen Seiten goldgelb frittieren. Mit dem restlichen Teig auf gleiche Weise verfahren.

Hefe-Kartoffel-Pfannkuchen
Rauga kartupeļu pankūkas (Lettland)
Bulviniai blynai su mielėmis (Litauen)

1 kg Kartoffeln
125 ml Milch
30 g Hefe
1 TL Zucker
125 g saure Sahne oder Joghurt
Öl zum Braten

Die Kartoffeln schälen und fein reiben. Die Milch erwärmen, die Hefe mit dem Zucker darin auflösen. Die saure Sahne mit den Kartoffeln vermengen und die Milch ebenfalls untermischen. An einem warmen Ort etwa eine Stunde gehen lassen. Dann leicht salzen.
In einer hohen Pfanne reichlich Öl erhitzen. Jeweils 1 EL Kartoffelteig ins Fett tropfen lassen und von allen Seiten goldgelb frittieren. Mit dem restlichen Teig auf gleiche Weise verfahren.

Kartoffelgerichte

Kartoffelpfannkuchen aus dem Ofen
Ahju-larutulipannkoogid (Estland)
Krāsnī ceptas kartupeļu pankūkas (Lettland)
Bulvinės bandelės (Litauen)

Die Kartoffeln schälen und fein reiben. Mit der Dickmilch vermengen und 100 g Mehl untermischen. An einem warmen Ort über Nacht ruhen lassen.
Am nächsten Tag das restliche Mehl einarbeiten und den Teig leicht salzen. Den Ofen auf 180° C vorheizen. Aus dem Teig flache Klöße formen, auf ein mit Backpapier ausgelegtes Blech setzen und im vorgeheizten Ofen etwa 20 Minuten goldgelb backen.

am Vortag beginnen
für 6 Personen

1 kg Kartoffeln
500 g Dickmilch oder Joghurt
500 g Mehl

Kartoffelwurst
Bulviniai vėdarai (Litauen)

Dies Gericht wird insbesondere im Winter zur Zeit der Hausschlachtungen gegessen.

Die Kartoffeln schälen und fein reiben. Den Schinkenspeck fein würfeln. Die Zwiebeln fein hacken.
Den Speck auslassen und die Zwiebeln glasig dünsten. Beides mit der Kartoffelmasse vermengen, mit Majoran, Salz und Pfeffer würzen. Den Ofen auf 180° C vorheizen.
Den Naturdarm mit der Kartoffelmasse füllen und mehrmals einstechen. Eine feuerfeste Form etwa 2 cm hoch mit heißem Wasser füllen. Die Kartoffelwurst hineinlegen und backen, bis die Oberfläche gebräunt ist.

1 kg Kartoffeln
200 g Schinkenspeck
2 Zwiebeln
½ TL Majoran
Naturdarm

Gratinierte Kartoffeln mit Hering
Üleküpsetatud karutulivorm heeringaga (Estland)
Gratinēti kartupeļi ar siļķi (Lettland)
Paskrudintos bulvės su silke (Litauen)

10 Kartoffeln
6 Heringsfilets
2 Zwiebeln
1 EL Öl
2 Eier
50 g Butter
2 EL Paniermehl

Die Kartoffeln gründlich waschen und in leicht gesalzenem Wasser in etwa 20 Minuten garen. Abgießen, schälen und in dicke Scheiben schneiden. Die Heringsfilets in dünne Streifen schneiden. Die Zwiebeln fein hacken. Öl erhitzen und die Zwiebeln glasig dünsten. Den Ofen auf 160° C vorheizen.

Eine Auflaufform einfetten und mit den Kartoffelscheiben auslegen. Die Zwiebeln und den Hering gleichmäßig darauf verteilen. Die Eier aufschlagen und darübergeben. Die Butter zerlassen und über den Auflauf verteilen. Zum Schluss mit Paniermehl bestreuen und im Ofen etwa 15 Minuten erhitzen.

Dazu werden eingelegte Rote Beten (Seite 98) und Essiggurken gereicht.

Fleischgerichte
Lihatoidud (Estland)
Gaļas ēdieni (Lettland)
Mėsos patiekalai (Litauen)

Schweinefleisch spielt in der baltischen Küche eine große Rolle. Doch wurde früher nur im Winter geschlachtet und natürlich alles verwertet. Das Räuchern von Schinken hat im Baltikum ebenso Tradition wie die Herstellung von Wurst. In Estland gehören Schweinesülze und Blutwurst zu den Nationalgerichten.

Fleischgerichte

Graue Erbsen mit Speck
Herned pekiga (Estland)
Pelēkie zirņi ar speķi (Lettland)

Graue Erbsen mit Speck zählen in Lettland und in Estland zu den Nationalgerichten.

Die Erbsen in Wasser einweichen und über Nacht quellen lassen.
Am nächsten Tag abgießen und in einem Topf mit frischem Wasser bedeckt etwa zwei Stunden köcheln. Die Kartoffeln schälen und in mundgerechte Würfel schneiden. Den Porree waschen, putzen und in Ringe schneiden. 30 Minuten vor dem Ende der Garzeit beides zu den Erbsen geben und gar kochen.
Währenddessen den Speck in Scheiben oder Würfel und die Zwiebeln in Ringe schneiden. Butter zerlassen, die Zwiebeln bräunen und den Speck braten.
Sollten die Erbsen nach zwei Stunden noch nicht zerfallen und die Masse noch nicht breiig sein, sie mit einem Kartoffelstampfer etwas zerdrücken. Mit Salz und Pfeffer abschmecken.
Die Erbsen mit dem Speck servieren.

am Vortag beginnen

250 g getrocknete graue Erbsen (Kapuziner- oder gelbe Erbsen)
2 Kartoffeln
1 Stange Porree
250 g durchwachsener Speck
2 Zwiebeln
20 g Butter

Tipp
Um die Verdaulichkeit des Gerichtes zu fördern, wird manchmal ein wenig Kümmel mitgekocht oder zum Schluss etwas Senf oder Essig unter die Erbsen gerührt.

Schweinerippchen mit Meerrettichsauce
Searibid mädarõikakastmes (Estland)
Cūkgaļas ribiņas ar mārrutku mērci (Lettland)

mindestens 2 Stunden vorher beginnen

1200 g Schweinerippe am Stück
1 Bund Suppengemüse
1 Zwiebel
1 Lorbeerblatt
5 weiße Pfefferkörner
30 g Butter
40 g Mehl
2 EL geriebener Meerrettich
etwas Zitronensaft
Zucker
1 Bund Dill

Die Schweinerippe unter fließend kaltem Wasser säubern und trocken tupfen. Das Suppengemüse putzen und grob schneiden, die Zwiebel vierteln und beides in 1½ l Wasser aufsetzen. Die Schweinerippe ins kochende Wasser geben, das Lorbeerblatt einlegen, mit Pfefferkörnern und 1 TL Salz würzen. Bei mittlerer Hitze etwa zwei Stunden kochen.
Die Schweinerippe herausnehmen und warm stellen. Die Brühe durchseihen, Suppengrün und Lorbeerblatt entfernen. Für die Sauce Butter zerlassen, das Mehl hellbraun anschwitzen und mit 500 ml Fleischbrühe ablöschen. Aufkochen und mit Meerrettich, Zitronensaft, Salz und Zucker würzen. Den Dill fein hacken, den größten Teil unter die Sauce rühren.
Die Schweinerippe in Portionen schneiden. Etwas Sauce darübergeben und mit Dill garnieren. Die restliche Sauce getrennt dazu servieren.
Dazu passen Salzkartoffeln und ein süßer Blattsalat.

Schweinefleisch in Buttermilch
Selilha hapupiimas (Estland)
Cūkgaļa paniņās (Lettland)
Kiauliena, virta rūgusiame piene (Litauen)

Das Fleisch unter fließend kaltem Wasser abspülen und trocken tupfen. Mit der Buttermilch in einen Topf geben, salzen und bei schwacher Hitze weich köcheln. Währenddessen die Zwiebeln fein hacken. Möhre, Sellerie und Petersilienwurzel putzen, schälen und fein würfeln. Den Porree waschen, putzen und in feine Ringe schneiden.
In einem Topf die Butter zerlassen und die Zwiebeln glasig dünsten. Das Gemüse hinzufügen und mit etwas Brühe garen. Das Lorbeerblatt einlegen, mit Salz würzen. Wenn das Gemüse bissfest ist, das Fleisch hinzugeben und alles weitere 10 Minuten kochen. Das Lorbeerblatt entfernen, mit Salz, Pfeffer und Dill abschmecken.
Dazu passen Salzkartoffeln.

600 g Schweinegulasch
250 ml Buttermilch
2 Zwiebeln
1 Möhre
100 g Sellerie
1 Petersilienwurzel
2 Stangen Porree
2 EL Butter
150 ml Fleischbrühe
1 Lorbeerblatt
4 EL fein gehackter Dill

Kümmelwürstchen
Köömnevorstikesed (Estland)
Ķimeņu desiņas (Lettland)
Kmynų dešrelės (Litauen)

für 8 Stück

1 Zwiebel
2 Knoblauchzehen
400 g Hackfleisch vom
  Schwein
Naturdarm
Butter oder Öl

für die Sauce:
150 ml Brühe
1 EL zerstoßener Kümmel
20 g Butter
1 EL Mehl
geriebene Muskatnuss
½ TL Zucker
2 EL saure Sahne

Zwiebel und Knoblauch fein hacken. Mit Hackfleisch, ½ TL Salz und ¼ TL gemahlenem Pfeffer mischen, in den Naturdarm füllen. Den Naturdarm so abdrehen, dass acht bis zehn Würstchen entstehen. Salzwasser zum Kochen bringen und die Würstchen 30 bis 45 Minuten sieden. Dann abtropfen lassen.
In einer Pfanne etwas Butter zerlassen und die Würstchen von allen Seiten goldbraun braten.
Für die Sauce die Brühe oder die gleiche Menge Würstchenwasser mit dem Kümmel etwa 10 Minuten köcheln. Butter zerlassen und das Mehl anschwitzen. Mit der Brühe ablöschen und alles unter Rühren aufkochen. Mit Muskat, Zucker, Salz und Pfeffer abschmecken. Zum Schluss die saure Sahne unterziehen und gegebenfalls noch einmal würzen.
Kümmelwürstchen werden mit Kartoffelbrei und Sauerkraut gegessen.

Variante
Naturdarm müssen Sie beim Metzger vorbestellen. Wenn Sie die Würstchen nicht selbst machen wollen, können Sie auch gebrühte grobe Bratwürstchen kaufen.

Zeppelins (Seite 117), ein beliebtes Gericht in Litauen, werden je nach Jahreszeit unterschiedlich gefüllt: mit Schinken, Pilzen, Quark …

Die Balten kennen unzählige Varianten des Bauernfrühstücks (Seite 67): im Frühjahr mit frischen Kräutern, im Sommer mit Tomaten und/oder Gurken, im Herbst mit Pilzen und im Winter mit getrockneten Pilzen oder eingemachtem Gemüse.

Das estnische Nationalgericht *Rosolje* (Seite 91) sowie gehackter Hering mit saurer Sahne (Seite 92) sind nur zwei Beispiele dafür, wie populär Hering im gesamten Baltikum ist.

Die Liebe zur kalten Rote-Beten-Suppe (Seite 47) teilen die Litauer mit den Polen.

Sauerkrautsuppe mit Graupen (Seite 45) gilt als typisch litauische Wintersuppe.

Beliebt im ganzen Baltikum: Apfelkuchen (Seite 188).

Estnischer Käsekuchen mit saurer Sahne (Seite 191) darf auf keiner Kaffeetafel des Landes fehlen.

Schweinshaxe in Bier
Õlles haututd seakoot (Estland)
Cūkas stilbs alū (Lettland)
Kiaulienos karka aluje (Litauen)

Bier und Fleisch sind keine seltene Kombination in Estland. Das Land ist bekannt für gutes Bier, die beiden wichtigsten Biermarken sind Le Coq und Saku.

Die Schweinshaxen abspülen und trocken tupfen, die Schwarte rautenförmig einschneiden, mit Salz, Pfeffer und Paprika würzen.
In einem großen Bräter das Schmalz erhitzen und die Schweinshaxen in 10 Minuten von allen Seiten kräftig anbraten. Die Zwiebeln vierteln und hinzufügen, das Lorbeerblatt einlegen, mit Wacholderbeeren, Nelken und Senfkörnern würzen. ⅛ l kochendes Wasser angießen. Auf mittlerer Schiene etwa eine Stunde braten. Dabei immer wieder mit Bier einpinseln und die Schweinshaxen ab und zu wenden. Wenn nötig, etwas Wasser nachgießen.
Das Fleisch herausnehmen, das Lorbeerblatt entfernen, den Bratenfond mit dem restlichen Bier lösen. Aufkochen und mit der in kaltem Wasser angerührten Stärke binden. Mit Salz und Pfeffer würzen.

4 Schweinshaxen
Paprikapulver
20 g Schweineschmalz
2 Zwiebeln
1 Lorbeerblatt
10 Wacholderbeeren
3 Gewürznelken
1 TL Senfkörner
250 ml Bier
1 EL Speisestärke

Schweinepfötchen mit Sauerkraut
Seajalad hapukapsaga (Estland)
Cūkas kājiņas ar skābiem kāpostiem (Lettland)
Kiaulės koja su raugintais kopūstais (Litauen)

2-4 Schweinepfötchen
600 g Sauerkraut
1 Lorbeerblatt
3 Wacholderbeeren

Die Schweinepfötchen unter fließend kaltem Wasser abspülen und in einen Topf geben. Das Sauerkraut und so viel Wasser hinzugeben, dass das Fleisch bedeckt ist. Das Lorbeerblatt einlegen, mit Salz und Wacholderbeeren würzen, aufkochen und den Schaum abschöpfen. Wenn frische Schweinepfötchen verwendet werden, 2 TL Salz pro l Wasser zufügen. Alles zugedeckt etwa eineinhalb Stunden köcheln.
Lorbeerblatt und Wacholderbeeren entfernen, mit Salz und Pfeffer abschmecken. Das Fleisch von der Hacke schneiden, mit Sauerkraut servieren.
Dazu passen Salzkartoffeln.

Schweinekotelett
Seakarbonaad (Estland)
Cūkas gaļas karbonāde (Lettland)
Kiaulineos muštinis (karbonadas) (Litauen)

4 Schweinekoteletts
2 EL Mehl
1 Ei
40 g Paniermehl
4 EL Butterschmalz

Die Schweinekoteletts unter fließend kaltem Wasser abspülen, trocken tupfen, leicht klopfen, mit Salz und Pfeffer bestreuen. Mehl, Ei und Paniermehl auf je einen Teller geben und das Ei verschlagen. Die Koteletts in Mehl, dann in verschlagenem Ei und zuletzt in Paniermehl wenden.
In einer Pfanne das Schmalz erhitzen und die Koteletts von jeder Seite etwa 8 Minuten braten. Auf einer vorgewärmten Platte anrichten.
Dazu passen Kartoffeln und, je nach Jahreszeit, Salat oder Sauerkraut.

Fleischgerichte

Schweinekotelett aus dem Backofen
Ahjus küpsetatud seakarbonaad (Estland)
Krāsnī cepta cūkas gaļas karbonāde
(Lettland)
Orkaitėje keptas kiaulineos muštinis
(karbonadas) (Litauen)

Die Zwiebeln in Ringe schneiden. In einem feuerfesten Topf Öl und Butter erhitzen, die Zwiebeln goldbraun braten. Die Koteletts zugeben und auf beiden Seiten anbraten. Mit etwas Mehl bestäuben, nach 2 Minuten mit Brühe ablöschen. Mit Salz, Pfeffer und Kümmel würzen. Im vorgeheizten Ofen bei 180° C zugedeckt in 45 Minuten garen.
Herausnehmen und mit Petersilie und saurer Sahne garnieren.
Dazu passen Kartoffeln und, je nach Jahreszeit, Salat oder Sauerkraut.

4 kleine Zwiebeln
2 EL Sonnenblumenöl
20 g Butter
4 Schweinekoteletts à 200 g
1 EL Mehl
200 ml Brühe
1 TL zerstoßener Kümmel
2 EL gehackte Petersilie
100 g saure Sahne

Varianten
Man kann auch Backobst mitschmoren – oder Sauerkraut und Kartoffelstückchen bzw. Wurzelgemüse zum Fleisch geben.

Schinkenbraten
Ahjus küpsetatud sink (Estland)
Šķiņķa cepetis (Lettland)

für 6-12 Personen

2-5 kg mild gesalzener Schinken (mit oder ohne Knochen)
150 g mittelscharfer Senf
100 g Honig
100 g Aprikosen
125 ml Süßwein

Den Schinken unter fließend kaltem Wasser abspülen und trocken tupfen. Den Senf mit dem Honig vermengen, den Schinken damit einreiben und mit Alufolie umwickeln. Ein ofentaugliches Thermometer in den Schinken stechen, um die Kerntemperatur des Bratens ablesen zu können. Den Schinken auf einen Rost setzen, ein Blech darunterschieben und die Temperatur so einstellen, dass das Thermometer möglichst 75° C anzeigt. Pro Kilogramm Fleisch beträgt die Garzeit 50 bis 70 Minuten. Währenddessen die Aprikosen fein hacken und in dem Wein weich kochen.
Den gegarten Schinken herausnehmen und den Ofen auf 200° C vorheizen. Die Alufolie lösen und den Schinken mit der Aprikosen-Süßwein-Masse bestreichen. Noch einmal etwa 20 Minuten in den Ofen geben, bis sich eine braune Kruste bildet.

Schweinegulasch mit Pilzen
Seaguljašš seentaga (Estland)
Cūkgaļas gulašs ar sēnēm (Lettland)
Troškinta kiauliena su grybais (Litauen)

Die Pilze in warmem Wasser einweichen und dann in Streifen schneiden. Das Gulasch waschen und trocken tupfen. Die Zwiebeln klein hacken.
In einem Topf das Schmalz erhitzen und das Fleisch portionsweise anbraten, mit Salz und Pfeffer würzen. Danach die Zwiebeln glasig dünsten. Das Fleisch wieder zugeben und mit Kümmel bestreuen. Den Sauerkrautsaft angießen, das Lorbeerblatt einlegen. Die Pilze auf dem Fleisch verteilen und alles zugedeckt etwa eine Stunde köcheln.
Das Mehl mit etwas Wasser anrühren, in den kochenden Sud geben und alles ohne Deckel weitere 15 Minuten köcheln. Das Lorbeerblatt entfernen.
Mit gekochten Kartoffeln servieren.

für 4-6 Personen

25 g getrocknete Pilze
1 kg Schweinegulasch
2 Zwiebeln
20 g Butterschmalz
1 TL zerstoßener Kümmel
1 l Sauerkrautsaft
1 Lorbeerblatt
1 EL Mehl

Blutwurst mit Sauerkraut
Verivorstid hapukapsaga (Estland)

Für die Esten hat gebratene Blutwurst mit Sauerkraut nahezu den gleichen Stellenwert wie Rosolje, also den eines Nationalgerichts.

500 g Blutwurst am Stück
1 Zwiebel
1 EL Öl
800 g Sauerkraut
150 ml Fleischbrühe
1 Lorbeerblatt
4 Wacholderbeeren
1 TL Zucker
20 g Butterschmalz
1 TL Sahne

Die Blutwurst in 1 cm dicke Scheiben schneiden. Die Zwiebel in Streifen schneiden.
In einem Topf Öl erhitzen und die Zwiebel andünsten. Das Sauerkraut zugeben und Brühe angießen. Das Lorbeerblatt einlegen, mit Wacholderbeeren, Salz, Pfeffer und Zucker würzen. Das Sauerkraut etwa 30 Minuten schmoren.
In einer Pfanne das Schmalz erhitzen und die Wurstscheiben von beiden Seiten scharf anbraten. Das Sauerkraut auf tiefen Tellern anrichten, das Lorbeerblatt entfernen. Die Wurstscheiben darauf verteilen und mit je einem Klecks Sahne garnieren.

Variante
Je nördlicher man ins Baltikum kommt, umso häufiger wird gebratene Blutwurst mit Preiselbeerkompott (Seite 180) serviert – eine Spezialität, die auch in Finnland nicht unbekannt ist.

Fleischgerichte

Falscher Hase
Pikkpoiss ehk hakkliharull ehk valejänes (Estland)
Viltotais zaķis (Lettland)

Den Ofen auf 180° C vorheizen. Die Zwiebel fein hacken. Das Hackfleisch mit Zwiebel, Paniermehl, Ei und saurer Sahne verkneten. Mit Salz, Pfeffer und Thymian gut würzen. Aus der Hackmasse mit nassen Händen einen länglichen Laib formen und in eine entsprechende Auflaufform legen. Im Ofen auf mittlerer Schiene etwa 40 Minuten backen.
Zu falschem Hasen werden Kartoffeln mit Apfel- oder Preiselbeerkompott (Seite 180) oder auch gebackene Äpfel gereicht.

1 Zwiebel
500 g Hackfleisch vom Schwein
4 EL Paniermehl
1 Ei
100 g saure Sahne
1 TL getrockneter Thymian

Varianten
Falscher Hase ist ein beliebtes Resteessen: So werden zum Beispiel Gemüsereste vom Vortag unter den Fleischteig gearbeitet. Auch das Würzen mit Kapern oder Sardellen ist recht beliebt.

Fleischklopse
Hakklihapallid (Estland)
Gaļas sitenis (Lettland)
Maltiniai (Litauen)

Die Zwiebel fein hacken und in der Butter andünsten. Das Hackfleisch mit Ei und Paniermehl mischen. Die Milch dazugeben, bis eine geschmeidige Konsistenz entsteht. 2 TL Salz, den Pfeffer und die Zwiebeln untermischen. Fingerdicke 3 bis 4 cm große Bällchen formen und nacheinander in Mehl wenden. Schmalz erhitzen und die Klopse rundherum braun braten.

1 Zwiebel
1 EL Butter
500 g Hackfleisch vom Schwein
1 Ei
100 g Paniermehl
200 ml Milch
½ TL gemahlener schwarzer Pfeffer
4 EL Mehl
50 g Butterschmalz

Pelmeni
Pelemeenid (Estland)
Koldūnai (Litauen)

Pelmeni haben ihren Ursprung in Russland, sind aber auch in Litauen eine feste Größe in der heimischen Küche geworden.

500 g Mehl
4 Eier
Butter

für die Füllung:
1 Zwiebel
500 g Hackfleisch

Das Mehl in eine Schüssel sieben und eine Mulde hineindrücken. Die Eier, Salz und 80 bis 100 ml Wasser hineingeben. Das Ganze zu einem weichen Teig verkneten und 15 Minuten ruhen lassen.

Für die Füllung die Zwiebel fein hacken oder reiben. Mit dem Hackfleisch, Salz und Pfeffer vermengen.

Den Nudelteig auf einer bemehlten Arbeitsfläche ausrollen. Mit einem Glas (10 cm Durchmesser) Kreise ausstechen. Mit einem Teelöffel die Fleischmasse in die Mitte der Kreise setzen, zu Halbkreisen klappen und mit den Fingern andrücken.

Die Pelmeni portionsweise in siedendem Salzwasser garen: Schwimmen Sie oben, sind sie gar. Herausnehmen, mit etwas Butter bestreichen und warm halten.

Anschließend mit Röstzwiebeln oder mit Kräuterschmant servieren. Pelmeni finden auch als Suppeneinlage großen Anklang.

Fleischgerichte

Kohlrouladen
Kapsarullid (Estland)
Kāpostu tīteņi (Lettland)

Den Kohl waschen und den Strunk keilförmig herausschneiden. Zwölf Außenblätter abtrennen und die dicken Blattrippen herausschneiden. Den restlichen Kohl anderweitig verwenden. Reichlich Wasser mit etwas Salz und Kümmel zum Kochen bringen. Die Kohlblätter in etwa 5 Minuten garen, bis sie gut biegsam sind. Kalt abspülen und trocken tupfen. Reis, Paniermehl und Hackfleisch mit Eiern und saurer Sahne gut mischen. Mit der Hälfte der Kräuter, Salz und Pfeffer gut würzen. Die Kohlblätter auslegen, mit etwas Salz, Pfeffer und zerstoßenem Kümmel würzen. Die Hackmasse darauf verteilen, die Blätter vorsichtig zu Rouladen zusammenrollen und mit Küchengarn umwickeln.

In einem Bräter das Öl erhitzen und die Kohlrouladen von allen Seiten braten, bis sie leicht Farbe bekommen. Den Bratensatz mit der Brühe ablöschen, einmal aufkochen und zugedeckt etwa 30 Minuten schmoren.

Die Rouladen herausnehmen und zugedeckt warm stellen. Den Fond durch ein Sieb passieren, etwas einkochen und mit der in kaltem Wasser angerührten Stärke binden. Die Rouladen mit der Sauce servieren und mit den restlichen Kräutern garnieren.

für 6 Personen

1 Weißkohl (800-1000 g)
1 EL Kümmel
150 g gekochter Reis
50 g Paniermehl
300 g Hackfleisch von Rind
  und Schwein
2 Eier
100 g saure Sahne
4 EL gehackte Petersilie
6 EL gehackter Liebstöckel
zerstoßener Kümmel
4 EL Öl oder Butterschmalz
300 ml Brühe
1 EL Speisestärke

Rinderrouladen
Loomaliharullid (Estland)
Liellopu gaļas veltnīši (Lettland)
Jautienos vyniotiniai (Litauen)

4 dünne Rinderrouladen
2 TL Senf
50 g durchwachsener Speck
2 Essiggurken
6 Anchovisfilets
1 kleine Zwiebel
2 EL Butterschmalz
300-400 ml Brühe
2 EL Speisestärke
100 g Sahne

Rouladennadeln oder Zahnstocher

Das Fleisch mit Senf bestreichen, mit Salz und Pfeffer würzen. Den Speck in dünne Streifen schneiden. Die Gurken fein würfeln. Die Anchovisfilets klein hacken. Die Zwiebel in Ringe schneiden. Speck, Gurken, Anchovisfilets und Zwiebel auf dem Fleisch verteilen, zusammenrollen und mit einer Rouladennadel befestigen. In einem Bräter das Schmalz erhitzen und die Rouladen von allen Seiten bräunen. Mit Brühe ablöschen und bei schwacher Hitze zugedeckt etwa 45 Minuten schmoren, bis sie gar sind.
Die Rouladen herausnehmen, die Nadeln entfernen und das Fleisch warm halten. Den Bratensatz durch ein Sieb geben. Die Stärke mit der Sahne verrühren. Den Bratensatz erneut aufkochen, mit der Stärke binden, mit Salz und Pfeffer abschmecken. Die Rouladen wieder in die Sauce geben.
Dazu passen Salzkartoffeln und Rotkohl.

Fleischgerichte

Gebratene Leber
Praetud maks (Estland)
Ceptas aknas (Lettland)
Keptos kepenys (Litauen)

Die Leber kurz unter fließend kaltem Wasser waschen und trocken tupfen – erst nach dem Braten salzen, da sie sonst hart wird. Die Äpfel schälen, das Kerngehäuse mit einem Apfelstecher entfernen und die Äpfel in dicke Scheiben schneiden. Mit Zitronensaft beträufeln, damit sie sich nicht verfärben. Die Zwiebeln in Ringe schneiden.

In einer Pfanne die Butter zerlassen und die Zwiebelringe bräunen. Herausnehmen und die Apfelscheiben 3 bis 4 Minuten dünsten.

In einer zweiten Pfanne das Öl erhitzen, die Leber in Mehl wenden und bei schwacher Hitze von beiden Seiten etwa 3 Minuten braten. Mit Salz, Pfeffer und etwas Majoran würzen.

Die Leberscheiben auf einer vorgewärmten Platte anrichten, mit Apfelscheiben und Zwiebelringen umlegen.

Kartoffelpüree schmeckt dazu perfekt.

4 Scheiben Schweine- oder Rinderleber à 150 g
2 Äpfel
2 EL Zitronensaft
2 Zwiebeln
30 g Butter
2 EL Sonnenblumenöl
1 EL Mehl
Majoran

Kalbstopf mit Apfel und Pflaume
Vasikalihast ühepajatoit õunte ja ploomidega (Estland)
Teļa gaļas podiņš ar āboliem un plūmēm (Lettland)
Troškinta veršiena su obuoliais ir slyvomis (Litauen)

100 g Trockenpflaumen
600 g Kalbfleisch
1 TL zerstoßener Kümmel
50 g Butter
200 g Crème fraîche
4 Äpfel

Die Pflaumen in warmem Wasser einweichen. Das Fleisch unter kaltem Wasser abspülen und trocken tupfen. In dünne Scheiben schneiden, salzen und mit Kümmel einreiben. Den Ofen auf 180° C vorheizen.
Die Hälfte der Butter zerlassen und das Fleisch von beiden Seiten kurz anbraten. In eine Auflaufform geben, mit der Crème fraîche bestreichen und im Ofen 30 Minuten backen. Währenddessen die Äpfel schälen, das Kerngehäuse mit einem Apfelstecher entfernen und die Äpfel in dünne Scheiben schneiden. Die restliche Butter zerlassen und die Apfelscheiben weich dünsten. Die Pflaumen in Streifen schneiden und mitdünsten.
Die Form aus dem Ofen nehmen und die Apfel-Pflaumen-Stückchen auf dem Fleisch verteilen.
Dazu schmecken Salzkartoffeln und Sauerkraut.

Fleischgerichte

Kalbfleisch in Aspik
Vasikalihasült (Estland)
Teḷa gaḷas galerts (Lettland)

Die Kalbsbrust und den Kalbsfuß unter fließend kaltem Wasser waschen und trocken tupfen. Möhren, Petersilienwurzel und Sellerie waschen, putzen und klein würfeln. Die Zwiebel in Ringe schneiden.
In einem Topf das Gemüse mit dem Kalbsfuß und 1 bis 2 l Wasser zum Kochen bringen. Die Kalbsbrust zugeben, die Lorbeerblätter einlegen, mit Salz und Pfeffer kräftig würzen. Die Hitze reduzieren und etwa zwei Stunden ziehen lassen.
Die Kalbsbrust herausnehmen, in dünne Scheiben oder Würfel schneiden und auf einer tiefen Servierplatte oder in einer flachen Auflaufform verteilen. Die Gelatineblätter in kaltem Wasser 10 Minuten quellen lassen. Die Fleischbrühe durch ein Haarsieb geben. Die Gelatine gut ausdrücken und in die heiße, nicht mehr kochende Brühe einrühren, eventuell mit Salz nachwürzen. Die Brühe über das Fleisch gießen, abkühlen und im Kühlschrank erstarren lassen.
Die Sülze aus der Form stürzen, in Scheiben schneiden und mit Petersilie garnieren.
Zu Fleischsülze wird Senf, Meerrettich oder auch Essig gereicht.

mindestens 2 Stunden vorher beginnen
für 8-12 Personen

800 g Kalbsbrust am Stück
1 Kalbsfuß oder andere Knochen
2 Möhren
1 Petersilienwurzel
100 g Sellerie
1 Zwiebel
2 Lorbeerblätter
Gelatineblätter
Petersilie zum Garnieren

Varianten
Einige geben auch frische Kräuter in die Sülze, andere schmecken sie schon mit Essig leicht säuerlich ab. Auch wird Sülze mit Schweinefleisch zubereitet. Und eigentlich braucht man keine Gelatineblätter, denn aus den Tierknochen löst sich genug.

Gefüllter Kalbsschulterbraten
Vasikapraad täidsega (Estland)
Pildīts teļa gaļas pleca cepetis (Lettland)

für 4-6 Personen

1200 g Kalbsschulter
4 EL Sonnenblumenöl
400 ml Kalbsfond
150 g Sahne

für die Füllung:
2 altbackene Brötchen
150 ml Milch
Majoran
1 Zwiebel
50 g Speck
1 EL Butter
2 hart gekochte Eier
1 Bund Petersilie

Für die Füllung die Brötchen würfeln und mit der Milch übergießen, den Majoran hinzufügen. Die Zwiebel fein hacken, den Speck würfeln. Butter zerlassen und beides andünsten. Die Eier pellen und fein hacken. Die Petersilie grob hacken. Alles zu einer relativ festen Masse verarbeiten, mit Salz und Pfeffer abschmecken.

In die Kalbsschulter eine Tasche schneiden – das lassen Sie am besten vom Metzger machen –, das Fleisch gründlich waschen und trocken tupfen. Die Füllung in die Kalbsschulter stopfen, sie mit Küchengarn zusammenbinden, mit Salz und Pfeffer einreiben. Den Ofen auf 160° C vorheizen.

In einem Bräter Öl erhitzen und das Fleisch von allen Seiten gründlich anbraten. Im Ofen bei 160° C schmoren, bis das Fleisch weich ist, dabei immer wieder mit der Brühe begießen.

Das Fleisch aus dem Bräter nehmen und warm stellen. Den Bratfond mit der Sahne verfeinern, mit Salz und Pfeffer abschmecken.

Die Kalbsschulter in Scheiben schneiden und auf gewärmten Tellern anrichten. Die Sauce getrennt dazu servieren.

Dazu passen Salzkartoffeln und grüner Salat.

Lammgulasch mit Gemüse
Lambalihaguljašš seentaga (Estland)
Troškinta aviena su daržovėmis (Litauen)

Die Schwarzwurzeln waschen, mit Küchenhandschuhen schälen und in Stücke schneiden. Sellerie und Kohlrabi putzen, schälen und würfeln. Die Möhren schaben und würfeln. Die Zwiebeln fein hacken.
In einem Topf das Schmalz erhitzen und das Fleisch portionsweise anbraten, mit Salz und Pfeffer würzen. Danach die Zwiebeln glasig dünsten. Das angebratene Fleisch zugeben und mit Kümmel bestreuen. Die Brühe angießen, das Lorbeerblatt einlegen und das Fleisch etwa eine Stunde köcheln.
Das Gemüse zugeben und alles zugedeckt weitere 20 Minuten garen. Das Mehl mit etwas Wasser anrühren, in den kochenden Sud geben und ohne Deckel weitere 15 Minuten köcheln. Das Lorbeerblatt entfernen.
Dazu reicht man gekochte Kartoffeln.

für 4-6 Personen

200 g Schwarzwurzeln
200 g Knollensellerie
1 Kohlrabi
3 Möhren
3 Zwiebeln
20 g Butterschmalz
1 kg Lammgulasch
1 TL Kümmel
700 ml Fleischbrühe
1 Lorbeerblatt
1 EL Mehl

Kaninchenbraten
Küülikupraad (Estland)
Truša cepetis (Lettland)
Triušienos kepsnys (Litauen)

am Vortag beginnen

1 Kaninchen
4 EL mittelscharfer Senf
2 EL Sonnenblumenöl
100 g durchwachsener Speck
100 g Sellerie
½ Stange Porree
1 Möhre
2 Zwiebeln
400 ml Fleischbrühe
8 Pfefferkörner
1 Lorbeerblatt
1 Gewürznelke
2 Wacholderbeeren
etwas Majoran
50 ml Rotwein

Das Kaninchen zerteilen, kräftig mit Salz und Pfeffer würzen, mit reichlich Senf einreiben und mindestens einen Tag kühl stellen.
Am nächsten Tag den Speck würfeln. Das Öl mit dem Speck erhitzen, das Fleisch kräftig rotbraun braten. Sellerie, Porree, Möhre und Zwiebeln putzen und würfeln. Zum Fleisch geben und mitbräunen. Die Brühe angießen und einmal aufkochen. Die restlichen Gewürze zugeben und im Ofen alles zugedeckt zwei Stunden schmoren.
Die Fleischteile vorsichtig herausnehmen und warm halten. Die Sauce durch ein Sieb geben, eventuell binden und unter Zugabe des Weins abschmecken.

Hühnerfrikassee mit Kapern
Vištienos frikasė (su kapariais) (Litauen)

Das Huhn außen und innen gründlich waschen. Das Suppengrün waschen, putzen und in Stücke schneiden, die Zwiebel halbieren. Beides mit Lorbeerblatt, Nelke, Pfefferkörnern und 1 EL Salz in einen Topf geben. Den Topf mit so viel Wasser füllen, dass das Huhn damit bedeckt werden kann, und zum Kochen bringen. Das Huhn hineingeben und in etwa zwei Stunden gar kochen.
Das Huhn herausnehmen, Haut und Knochen lösen, das Fleisch in mundgerechte Stücke schneiden. Die Brühe durch ein Sieb gießen, 1 l auffangen und zur Seite stellen. Den Rest der Brühe anderweitig verwenden.
Die Butter zerlassen und das Mehl kurz anschwitzen. Die aufgefangene Brühe mit einem Schneebesen unter Rühren zugeben und die Sauce 10 Minuten köcheln. Die Champignons abtropfen lassen.
Fleisch und Champignons in die Sauce geben und erwärmen. Mit Salz, Pfeffer, Muskat, Kapern und Zitronensaft abschmecken.
Dazu reicht man am besten frische Salzkartoffeln und einen süß angemachten Blattsalat.

mindestens 2 Stunden vorher beginnen

1 küchenfertiges Suppenhuhn
1 Bund Suppengrün
1 Zwiebel
1 Lorbeerblatt
1 Gewürznelke
3 Pfefferkörner
2 EL Butter
2 EL Mehl
250 g Champignons (aus der Dose)
geriebene Muskatnuss
2 EL eingelegte Kapern
einige Spritzer Zitronensaft

Entenbraten
Pardipraad (Estland)
Pīles cepetis (Lettland)
Kepta antis (Litauen)

mindestens zwei Stunden vorher beginnen

1 küchenfertige Ente
weißer Pfeffer
5 Äpfel
2 Zwiebeln
geriebene Muskatnuss
1 EL Bienenhonig
6 EL Apfelmus
6 EL Apfelwein
2 EL Zitronensaft
2 EL Butter

Holzspießchen oder Zahnstocher

Den Ofen auf 200° C vorheizen. Die Ente waschen und trocken tupfen, außen und innen mit Salz und weißem Pfeffer einreiben. Zwei Äpfel schälen, vierteln, das Kerngehäuse entfernen und die Viertel in Scheiben schneiden. Die Zwiebeln fein hacken und zu den Apfelscheiben geben. Mit Salz, weißem Pfeffer, einer Prise Muskat und dem Honig würzen. Die Ente mit der Mischung füllen und mit Holzspießchen verschließen.
Einen Bräter etwa 3 cm hoch mit heißem Wasser füllen, salzen und die Ente mit der Brust nach unten hineinlegen. Im Ofen auf mittlerer Schiene etwa anderthalb Stunden braten. Nach 20 Minuten Apfelmus und Apfelwein verrühren und zugeben. Die Ente ab und zu wenden bzw. mit dem Fond begießen.
Währenddessen die restlichen Äpfel waschen, abtrocknen, das Kerngehäuse mit einem Apfelstecher entfernen und die Äpfel in Ringe schneiden. Mit Zitronensaft beträufeln, damit sie sich nicht verfärben.
In einer Pfanne die Butter zerlassen und die Apfelringe weich braten. Die Ente tranchieren und mit den Apfelscheiben anrichten. Den Bratenfond entfetten und abschmecken.
Dazu schmecken Salzkartoffeln und Rotkohl.

Gänsebraten
Hanepraad (Estland)
Zoss cepetis (Lettland)
Kepta žąsiena (Litauen)

Die Gans außen und innen waschen und trocken tupfen. Den Beifuß waschen und trocken tupfen, die Blättchen abzupfen und fein hacken. Die Gans von innen mit Beifuß würzen, außen und innen mit Salz und Pfeffer einreiben. Den Ofen auf 200° C vorheizen.
Die Äpfel schälen, vierteln, das Kerngehäuse entfernen und die Viertel in Scheiben schneiden. Mit etwas Zitronensaft beträufeln, damit sie sich nicht verfärben. Die Schalotten würfeln. Beides mit Zimt, einer Prise Kardamom und einer Prise Nelken würzen. Die Gans mit der Masse füllen, mit Holzspießchen oder Küchengarn verschließen. Die Haut unterhalb der Flügel und an den Keulen mit einer Nadel einstechen, damit das Fett besser ausbrät. Die Gans mit der Brust nach unten in einen Bräter oder eine Fettpfanne setzen, etwa 100 ml kochendes Wasser hinzugießen. Im Ofen auf unterer Schiene etwa drei Stunden braten, dabei immer wieder mit dem Fond begießen. Wenn der Rücken Farbe angenommen hat, die Gans wenden.
Die Gans ist gar, wenn sich eine Nadel weich in die Keulen einstechen lässt. Den Fond abgießen. Die Gans mit dem Honig bestreichen und weitere 15 Minuten kross braten. Den Fond entfetten. Die Stärke mit etwas kaltem Wasser anrühren, in den kochenden Fond geben und aufkochen. Mit den Gewürzen abschmecken.
Die Gans tranchieren und mit Füllung und Sauce servieren.
Dazu gehören Kartoffeln und Sauerkraut oder Rotkohl.

mindestens 3 Stunden früher beginnen
für 8 Personen

1 küchenfertige Gans (etwa 4 kg)
4-5 Beifußzweige
800 g Äpfel
2 EL Zitronensaft
2 Schalotten
1 TL gemahlener Zimt
Kardamom
Gewürznelkenpulver
3 EL Honig
2 EL Speisestärke

Holzspießchen oder Zahnstocher

Gänse- bzw. Entenschmalz
Hane/pardirasv (Estland)
Zosu att. pīļu tauki (Lettland)
Žąsienos arba antienos spirgučiai (Litauen)

Haut einer Gans oder Ente mit Unterhautfettgewebe
1 Lorbeerblatt
1 Zwiebel

Die Haut mit dem Fett in Streifen schneiden. Eine schwere Pfanne erhitzen und die Haut bei schwacher Hitze etwa 30 Minuten schmelzen, dabei ab und zu umrühren.

Das klare, flüssige Fett durch ein Sieb gießen und langsam erkalten lassen. Das Lorbeerblatt einlegen, mit Salz und Pfeffer würzen. Die Zwiebel fein hacken und in derselben Pfanne rösten, die Hautreste eventuell knusprig braten. Beides unter das abgekühlte, noch weiche Schmalz rühren.

Tipp
Häufig wird etwas Schweinebauchfett zum Gänse- bzw. Entenfett gegeben. Damit es nicht wie Schweineschmalz schmeckt, sollte die Menge jedoch unter einem Viertel Gewichtsanteil liegen.

◆

Fischgerichte
Kalatoidud (Estland)
Zivju ēdieni (Lettland)
Žuvų patiekalai (Litauen)

◆

Bei so viel Küste und der Unmenge an kleinen und großen Seen hat das Fischessen selbstverständlich Tradition im Baltikum. In Estland spielen Hering und Strömling eine große Rolle. In Litauen sind Süßwasserfische wie Karpfen und Hecht sehr beliebte Speisefische. Geräucherter Aal ist in allen baltischen Staaten eine Delikatesse.

Gebratene Stinte
Praetud räimed (Estland)
Ceptas salakas (Lettland)

Stinte leben in Küstennähe und ziehen zum Laichen in Flüsse. Sie gehören zu den kleinsten lachsartigen Fischen und werden im Baltikum sowie im gesamten Ostseeraum von den vielen Hobbyfischern geangelt und natürlich auch verzehrt.

Die Stinte gründlich waschen und trocken tupfen. Außen und innen mit Salz und Pfeffer würzen. Ei und Mehl auf je einen Teller geben und das Ei verschlagen. Die Stinte durch das Ei ziehen und dann im Mehl wenden.
Öl erhitzen und die Fische von beiden Seiten etwa 5 Minuten goldgelb braten.
Dazu passen Salzkartoffeln und saure Sahne.

1 kg küchenfertige Stinte
1 Ei
4 EL Mehl
Öl oder Butter zum Braten

Varianten
Wer nicht Hobbyfischer ist und somit nur schwer an Stinte kommt, kann auch frischen Hering verwenden. Auch Scholle und andere Ostseefische sowie Forellen werden im Baltikum auf diese einfache Art und Weise zubereitet.
Wer mag, kann in die Fischbauchhöhle frische Kräuter wie Dill, Schnittlauch oder auch Wildkräuter geben. Wer zum Johannisfest Fisch auf diese Weise essen möchte, darf die Kräuter keinesfalls vergessen, da das Gericht sonst nicht stilecht baltisch ist.

Gebratene Schleien
Praetud linask (Estland)
Keptas lynas (Litauen)

Die Schleie lebt in Seen und Teichen und ist im gesamten Baltikum zu Hause. Sie ist ein geschätzter Speisefisch und gilt im Vergleich zum Karpfen als schmackhafter.

1 kg küchenfertige Schleien
2 EL Mehl
Öl oder Butter zum Braten

Die Schleien gründlich waschen, trocken tupfen und in mittelgroße Stücke schneiden. Außen und innen mit Salz würzen. Das Mehl auf einen Teller geben, die Schleienstücke darin wälzen. Öl erhitzen und die Fische von beiden Seiten etwa 3 Minuten goldgelb braten.
Dazu passen Sauerkraut, Meerrettich oder grüner Salat.

Varianten
Dieses Rezept lässt sich auch mit Karpfen oder Brachse (Blei) zubereiten. Letzterer lässt sich nur über Hobbyfischer beziehen. Doch Vorsicht: Er hat wie der Karpfen viele Gräten.

Lachs mit saurer Sahne
Lõhe hapukoorekastmes (Estland)
Lasis ar skābu krējumu (Lettland)

800 g Lachsfilet am Stück mit Haut
½ Zitrone (Saft)
1-2 Bund Dill
300 g Crème fraîche
1 TL Zucker

Das Lachsfilet unter fließend kaltem Wasser gründlich waschen und trocken tupfen. Mit Salz und Pfeffer würzen, mit Zitronensaft beträufeln und mit der Haut nach unten in eine Fettpfanne legen. Den Ofen auf 180° C vorheizen.
Den Dill fein hacken, mit Crème fraîche und Zucker verrühren, mit Salz und Pfeffer würzen. Die Paste auf den Lachs streichen und den Fisch etwa 40 Minuten backen.
Heiß servieren – oder für ein Büfett kalt und in Stücke geteilt.

Gekochte Brachse mit Meerrettichsauce
Keetetud latikas mädarõikakastmes (Estland)
Vārīti brekši ar mārrutku mērci (Lettland)
Virtas karšis su krienų padažu (Litauen)

Die Brachsen gründlich waschen, trocken tupfen und in mittelgroße Stücke schneiden. In einen Topf geben und mit Zitronensaft beträufeln. Die Gemüse putzen und würfeln, die Zwiebel fein hacken. Zum Fisch geben und mit Wasser bedecken, Salz und etwas Zucker zugeben. Das Ganze zum Kochen bringen und bei offenem Deckel etwa 20 Minuten sieden.
Für die Sauce den Meerrettich putzen und fein raspeln. In einem Topf die Butter zerlassen und das Mehl hellbraun anschwitzen. Den Meerrettich zugeben, mit Brühe ablöschen. Aufkochen, mit Zitronensaft, Salz und Zucker abschmecken, etwa 1 Minuten kochen. Die Sahne unter die nicht mehr kochende Sauce rühren und diese nochmals abschmecken.
Die Fischstücke aus dem Sud nehmen und mit der Meerrettichsauce servieren.
Dazu gehören Salzkartoffeln.

1 kg küchenfertige Brachsen
½ Zitrone (Saft)
100 g Sellerie
1 Petersilienwurzel
1 Möhre
1 Zwiebel
Zucker

für die Sauce:
50 g Meerrettichwurzel
20 g Butter
1 EL Mehl
125 ml Gemüsebrühe
1 Zitrone (Saft)
100 g Sahne

Marinierte Stinte
Marineeritud räimed (Estland)

Hering und Seefisch wurden traditionell eher in Küstenregionen gegessen. Die einfache Landbevölkerung im Landesinneren konnte sich nicht einmal eingelegte Heringe leisten.
Diese Variante mit Dill zeigt den typischen schwedischen Einfluss.

mindestens 2 Tage vorher beginnen

800 g filetierte Stinte oder Heringsfilets
2 Möhren
2 Zwiebeln
1 Bund Dill
3 Lorbeerblätter
250 ml Weißweinessig
1 EL Zucker
1 TL Salz
1 EL gelbe Senfkörner
1 EL Pimentkörner

Die Fischfilets unter fließend kaltem Wasser gründlich waschen, trocken tupfen und in etwa 5 cm große Stücke schneiden. Die Möhren schaben und in Scheiben schneiden. Die Zwiebeln in dünne Ringe schneiden. Den Dill fein hacken. Alle diese Zutaten mit den Lorbeerblättern in einen Glas- oder Steinguttopf schichten.
Den Essig mit 250 ml Wasser und den Gewürzen etwa 5 Minuten kochen. Abkühlen lassen und über die Heringsstücke gießen, sodass alles von der Flüssigkeit bedeckt ist. Verschließen und im Kühlschrank mindestens zwei Tage durchziehen lassen.

Brathering/Bratstint in Marinade
Praeheeringas/praeräim marinaadis (Estland)
Cepta siļķe/cepta salaka mariṇādē (Lettland)
Marinuota kepta lydeka/kepta didstintė (Litauen)

Die Heringe unter fließend kaltem Wasser gründlich waschen und trocken tupfen. Das Mehl und etwas Salz auf einem Teller vermischen, die Heringe darin wenden, das überschüssige Mehl abklopfen.
In einer Pfanne das Schmalz erhitzen und die Heringe von beiden Seiten anbraten.
Den Essig mit 125 ml Wasser und den Gewürzen aufkochen. Die Zwiebeln in Ringe schneiden und im heißen Sud kurz ziehen lassen, bis sie weich sind.
Die Bratheringe in eine flache Form legen und mit dem heißen Sud übergießen. Mindestens einen Tag durchziehen lassen.
Dazu werden Salzkartoffeln serviert.

mindestens 1 Tag vorher beginnen

8 küchenfertige Heringe oder Stinte
100 g Mehl
2 EL Butterschmalz
250 ml Weißweinessig
1 Lorbeerblatt
10 Wacholderbeeren
2 TL Pfefferkörner
1 EL Senfkörner
2 EL Zucker
1 TL Salz
250 g Zwiebeln

Salzhering/-stint
Silgud (Estland)
Sālīta siļķe/salaka (Lettland)

Diese Salzheringe werden traditionell an der Küste des Baltikums gegessen. Sie sind ein typisches Essen der Fischer.

mindestens 1 Woche vorher beginnen

800 g küchenfertige Heringe oder Stinte
100 g Salz
1 TL Zucker

Die Heringe unter fließend kaltem Wasser gründlich waschen und trocken tupfen, Kopf und Flossen nicht entfernen. Salz und Zucker miteinander vermischen, die Fische außen und innen damit würzen und in eine flache Schüssel geben. Eventuell jede Lage nochmals salzen. Das Ganze abdecken und mit einem Brett und einem Stein beschweren. Die Salzfische im Kühlschrank oder einem kalten Raum mindestens 24 Stunden – bis zu einer Woche – marinieren.

Dazu werden Salzkartoffeln mit Dill gereicht oder auch das typische dunkle Roggenbrot (Seite 201).

Tipp
Je länger der Fisch liegt, desto stärker fermentiert er. Als Anfänger sollten Sie die Marinierzeit kurz halten. Nach einer Woche wird der Stein entfernt, aber der Fisch lässt sich in einem Schraubglas im Kühlschrank noch Wochen aufbewahren. Wenn Sie frische Heringe verwendet, sauber und mit ausreichend Salz gearbeitet haben, klappt das wunderbar.

Rollmops
Herringarullid (Estland)
Rolmopši (Lettland)

Die Heringsfilets unter fließend kaltem Wasser gründlich waschen und trocken tupfen. Jedes Filet mit der Haut nach außen um eine Gurke wickeln, mit einem Holzspießchen befestigen und in ein sauberes Schraubglas schichten.
Den Essig mit 100 ml Wasser und den Gewürzen aufkochen. Die Zwiebeln in dünne Ringe schneiden und zugeben. Den Sud abkühlen lassen und über die Rollmöpse gießen. Das Glas zuschrauben und im Kühlschrank etwa eine Woche durchziehen lassen.

6 filetierte Heringe mit silberner Haut
12 kleine Essiggurken
250 ml Weißweinessig
3 Lorbeerblätter
1 TL Senfkörner
½ TL Pfefferkörner
½ TL Kümmel
1 TL Salz
3 Gewürznelken
2 Zwiebeln

Holzspießchen oder Zahnstocher

Fisch in Milch
Kala piimas (Estland)
Zivs pienā (Lettland)
Žuvis virta piene (Litauen)

Das Fischfilet waschen, trocken tupfen und in mundgerechte Stücke schneiden. Den Porree putzen und in feine Ringe schneiden. Die Möhren schaben und in Scheiben schneiden. Die Zwiebel in Ringe schneiden.
Das Öl auf dem Topfboden verteilen, Fisch und Gemüse einschichten. Das Lorbeerblatt einlegen, mit Salz und Pfeffer würzen. Die Milch erhitzen, über den Fisch und das Gemüse gießen und alles bei schwacher Hitze in etwa 30 Minuten garen.
Das Lorbeerblatt entfernen. Die saure Sahne auf dem Gericht verteilen und mit den Kräutern garnieren.
Dazu passen Salzkartoffeln und Salat.

500 g Fischfilet (Zander, Hering, Makrele, Scholle)
1 Stange Porree
2 Möhren
1 Zwiebel
1 EL Öl
1 Lorbeerblatt
250 ml Milch
100 g saure Sahne
je 2 EL gehackte Petersilie, Dill und Schnittlauch

Auf Kohle gegrillter Hering
Sütel küpsetatud heeringas (Estland)
Uz oglēm cepta siļķe (Lettland)

1 kg Heringe

Die Heringe ausnehmen, abspülen und trocken tupfen. Von außen mit Salz einreiben und in Alufolie einwickeln. In die Kohle oder auf den Grillrost legen und grillen.
Dazu reicht man Pellkartoffeln (Seite 105) und saure Sahne gewürzt mit Kräutern.

Gesalzenes Kabeljaurückenfilet
Kergelt soolatud tursfilee (Estland)
Mazsālīta mencas fileja (Lettland)

Wer Riga besucht, sollte sich Rigaer Schwarzen Balsam mitnehmen. Zu Hause schmeckt er natürlich nur halb so gut wie in Riga. Damit Sie beim nächsten Besuch wieder ein Fläschchen einkaufen können, sollten Sie unbedingt dieses Rezept ausprobieren.

mindestens 10 Stunden vorher beginnen

600 g Kabeljaurückenfilet
je 1 Prise schwarzer Pfeffer, Piment, Koriander, geriebene Muskatnuss, Gewürznelkenpulver
2 EL Rigaer Schwarzer Balsam oder ein anderer Kräuterlikör/Magenbitter

Das Fischfilet unter fließend kaltem Wasser gründlich waschen, trocken tupfen und auf ein Brett legen. 2 EL Salz mit den Gewürzen mischen und den Fisch damit einreiben. Mit Folie abdecken, mit einem zweiten Brett und einem Stein beschweren und alles sechs Stunden kalt stellen.
Das Filet von der Folie befreien und mit Rigaer Schwarzem Balsam beträufeln. In Folie eingepackt und beschwert weitere vier Stunden marinieren.
In dünne Scheiben schneiden und mit dunklem Roggenbrot (Seite 201) servieren.

Fischgerichte

Fischsülze
Kalasült (Estland)
Zivs galerts (Lettland)
Žuvies šaltiena (Litauen)

Das Fischfilet in Stücke schneiden, mit Salz, weißem Pfeffer und etwas Zitronensaft würzen. Möhre und Sellerie putzen und würfeln. Die Zwiebel vierteln. Bis auf vier Zweige den Dill zur Seite legen. Den Fischfond mit Gemüse und Kräutern erhitzen, den Fisch in etwa 8 Minuten garen.
Die Gelatineblätter in kaltem Wasser 10 Minuten quellen lassen. Den zur Seite gelegten Dill fein hacken. Je eine Zitronenscheibe in kalt ausgespülte Förmchen geben. Den Fisch herausnehmen und portionsweise in die Förmchen füllen. Den Fond durch ein Sieb gießen und die Gelatine einrühren. Sobald das Ganze zu gelieren beginnt, den Dill unterrühren und das Gelee auf den Fisch gießen. Die Sülze im Kühlschrank über Nacht erstarren lassen.
Vor dem Verzehr die Förmchen kurz in heißes Wasser tauchen. Den Fisch mit einem spitzen Messer aus den Förmchen lösen und auf Teller stürzen.

am Vortag beginnen

400 g Fischfilet (Forelle, Scholle, Lachs)
weißer Pfeffer
2 EL Zitronensaft
1 Möhre
100 g Sellerie
1 Zwiebel
1 Bund Dill
400 ml Fischfond
4 Petersilienstängel
6 Gelatineblätter
4 Scheiben ungespritzte Zitrone

Tipp
Damit das Ganze zu einer baltischen Spezialität wird, sollten Sie Ostseefisch oder auch Süßwasserfische wie Forelle, Zander, Hecht oder Karpfen für die Fischsülze verwenden.
Die Beilage gibt dem Gericht ebenfalls eine hohe Authentizität: Typisch ist fein geriebener Meerrettich, Essig oder scharfer Senf. Auch saure Sahne oder mit Dill gewürzte Sahne wird gerne zu Fischsülze gereicht und entspricht wohl am ehesten unserem Geschmack.

Gefüllter Hecht
Täidetud haug (Estland)
Pildīta līdaka (Lettland)
Įdaryta lydeka (Litauen)

1 küchenfertiger Hecht ohne Rückengräte (1-1½ kg)
300 g frische Pilze (etwa Pfifferlinge)
2 Zwiebeln
1 Bund Petersilie
400 g Butter
150 g Sahne
3 EL Paniermehl
50 g hauchdünn geschnittener Bauchspeck
etwas Zitronensaft

Den Hecht unter fließend kaltem Wasser gründlich waschen und trocken tupfen. Außen und innen mit Salz und Pfeffer würzen.

Die Pilze putzen und grob hacken. Die Zwiebeln fein würfeln. Die Petersilie fein hacken.

In einer Pfanne 1 EL Butter zerlassen und die Zwiebeln glasig dünsten. Die Pilze zugeben und anbraten. Die Pfanne vom Herd nehmen und die Sahne unterrühren. Mit dem größten Teil der Petersilie, Salz und Pfeffer abschmecken, mit dem Paniermehl binden.

Die erkaltete Masse in den Hecht füllen. Dabei vom Kopf beginnend die Füllung einbringen und den Fisch mit Küchengarn zunähen. Den Hecht in eine Fettpfanne legen, die Haut von beiden Seiten etwa viermal einritzen, damit sie beim Braten nicht platzt. Nochmals salzen und pfeffern, mit den Bauchspeckscheiben belegen. Die restliche Butter zerlassen. Den Hecht im vorgeheizten Ofen bei 200° C etwa eine Stunde braten, dabei immer wieder mit flüssiger Butter bestreichen.

Den Fisch auf eine vorgewärmte Platte geben. Mit Zitronensaft beträufeln und mit der restlichen Petersilie bestreuen.

Dazu passen Salzkartoffeln und Sauerkraut. Eine helle Mehl- oder auch Meerrettichsauce (Seite 153) wird dazu gereicht.

Variante
Im Baltikum ist neben dem Hecht auch der Zander weit verbreitet. Es gibt unzählige Füllungen – Sie dürfen kreativ werden, gerne andere Gewürze verwenden oder auch Eier hinzufügen. Eigentlich kann nicht viel schiefgehen.

Tipp
Die besten Hechte erhält man von einem Hobbyangler, der den Fisch auch gleich vorbereitet. Wer sich selbst im Angeln versucht, muss den Hecht zunächst schuppen und dann ausnehmen. Der Kopf bleibt dran, die Kiemenbögen werden entfernt, Leber und Rogen zur Seite gelegt. Von der Bauchseite fährt das Filetiermesser unter die Bauchgräten und löst sie von den Bauchlappen. Mit Schnitten entlang der Rückengräten löst man die Mittelgräte in ganzer Länge aus, ohne die Rückenhaut zu durchtrennen. Ohne Mittelgräte lässt sich der Hecht perfekt füllen.

Gekochte Krebse
Keedetud vähjad (Estland)
Vārīti vēži (Lettland)
Viti vėžiai (Litauen)

In einem Topf etwa 3 l Wasser mit Dill und Gewürzen zum Kochen bringen. Einen Teil der Flusskrebse kopfüber in den kochenden Sud geben und alles erneut zum Kochen bringen. Die Krebse bei ausgeschalteter Herdplatte in 6 bis 8 Minuten garen.
Die Krebse mit einem Schaumlöffel herausnehmen, abtropfen und kurz abkühlen lassen. Zum Zerteilen die mittlere Schwanzflosse nehmen und vorsichtig mit dem anhängenden Darm nach hinten abziehen. Dann den Krebs am Körper fassen und durch leichtes Drehen den Kopf abtrennen. Den Schwanz auf der Bauchseite mit den Fingern ausbrechen und das Krebsfleisch im Ganzen lösen. Die Scheren mit einer drehenden Bewegung vom Kopf lösen, zum Garnieren oder für einen Fond verwenden. Den Schild mit der linken Hand fassen, das gesamte Unterteil mit Kiemen und Innereien mit dem Zeigefinger abheben und wegwerfen.

1 Bund Dill
2 EL Dillsamen
60 g Salz
2 EL Kümmel
4 Lorbeerblätter
32-40 Flusskrebse à 60 g

Gebratene Neunaugen
Cepti nēģi (Lettland)

Dies ist in Lettland eine Delikatesse. Die Letten haben diesen Fisch für sich entdeckt, und im Sommer findet ein regelrechter Neunaugentourismus an die entsprechenden Flüsse statt. Da man bei uns nur schwer an Neunaugen herankommt, lässt sich das Gericht auch mit jungen Aalen zubereiten.

600-800 g küchenfertige Neunaugen
Butterschmalz
Zitronen

Die Neunaugen gründlich mit Salz abreiben, damit sich der letzte Schleim von der Fischhaut löst.
In einer Pfanne wenig Schmalz erhitzen, die Neunaugen dicht nebeneinander hineinsetzen und 5 bis 10 Minuten braten. Wenden und weitere 5 Minuten braten.
Die Neunaugen in eine flache Schüssel geben und jede Schicht salzen. Mit heißem Wasser begießen, mit einem Holzbrett abdecken und mit einem Stein beschweren. Die Neunaugen erkalten lassen und lagenweise mit Zitronenachteln servieren.

◆

Saucen, Dips und Dressings
Kastmed (Estland)
Mērces (Lettland)
Padažai (Litauen)

◆

Specksauce
Pekikaste (Estland)
Speķa mērce (Lettland)
Lašinukų padažas (Litauen)

Diese Sauce wird in allen drei baltischen Staaten vor allem zu Pellkartoffeln gereicht.

Den Speck fein würfeln, die Zwiebel fein hacken. Den Speck auslassen und die Zwiebel glasig dünsten. Mit Mehl bestäuben. Die Milch unter Rühren hinzufügen und alles einmal aufkochen, damit die Sauce bindet. Mit Salz und Pfeffer abschmecken.	*300 g durchwachsener Speck* *1 Zwiebel* *2 EL Mehl* *500 ml Milch*

Kräuter-Kartoffel-Sauce
Kartulikaste maitserohelisega (Estland)
Čiolakas (Litauen)

Diese Sauce wird vor allem im Osten Litauens traditionell mit Pellkartoffeln als Abendessen serviert.

Die Kartoffeln schälen und mit dem Lorbeerblatt in leicht gesalzenem Wasser etwa 20 Minuten kochen. Währenddessen Zwiebeln und Kräuter fein hacken. Abgießen, 1 Tasse Kartoffelwasser auffangen, das Lorbeerblatt entfernen. Die Kartoffeln mit einer Gabel zerdrücken. Zwiebeln, Kräuter, Salz, Pfeffer und das Kartoffelwasser unterrühren.	*4 Kartoffeln* *1 Lorbeerblatt* *2 Zwiebeln* *1 Bund Dill* *1 Bund Schnittlauch*

Rote Sauce
Punane kaste (Estland)
Šmotalas (Litauen)

2 gekochte Rote Beten
3 gekochte Salzkartoffeln
2 Zwiebeln
1 Knoblauchzehe
2 EL saure Sahne
150 g Dickmilch oder Joghurt

Die Roten Beten in dünne Streifen schneiden. Die Kartoffeln zerdrücken. Zwiebeln und Knoblauch fein hacken. Alle Zutaten verrühren, mit Salz und Pfeffer abschmecken.

Variante
Diesen Dip kann man je nach Jahreszeit mit frischen Kräutern wie Dill, Petersilie oder Schnittlauch verfeinern.

Saure-Sahne-Dip
Hapukoorekaste (Estland)
Skāba krējuma mērce (Lettland)
Rūgščios grietinės padažas (Litauen)

500 g saure Sahne
2 EL fein gehackte Zwiebeln

Die saure Sahne mit Zwiebeln, Salz und Pfeffer abschmecken.

Variante
Saure Sahne ist im Baltikum in der Regel fetthaltiger als bei uns. Um ein ähnlich schmackhaftes Ergebnis zu erzielen, kann man auch Sahne und Crème fraîche mischen.

Zwiebel-Saure-Sahne-Dip
Sibula-hapukoorekaste (Estland)
Skāba krējuma un sīpolu mērce (Lettland)
Svogūnų-grietinės padažas (Litauen)

Die Zwiebeln fein hacken. Mit der sauren Sahne verrühren, mit Salz und Pfeffer abschmecken. Zwei bis drei Stunden durchziehen lassen.

mindestens 2-3 Stunden vorher beginnen

3 Zwiebeln
500 g saure Sahne

Varianten
Statt Zwiebeln können auch frische Kräuter verwendet werden: Dill, Schnittlauch und Petersilie sind sehr beliebt. Das Würzen mit Kümmel findet man auch immer wieder.

Saurer Kartoffeldip
Hapu kartulikaste (Estland)
Skāba kartupeļu mērce (ar skābu krējumu) (Lettland)
Patermesas (Litauen)

Dieser Dip wird traditionell im Westen Litauens gegessen.

Die Kartoffeln schälen und in leicht gesalzenem Wasser etwa 20 Minuten kochen, dann mit einer Gabel zerdrücken.
Die Zwiebel fein hacken. Mit saurer Sahne, Buttermilch, Kümmel und Salz zu den Kartoffeln geben und zu einem Dip verrühren.

2 Kartoffeln
1 Zwiebel
2 EL saure Sahne
125 g Buttermilch, Dickmilch oder Joghurt
1 TL Kümmel

Saure-Sahne-Dressing I
Hapukoorekaste I (Estland)
Ar krējumu I (Lettland)
Rūgščios grietinės padažas I (Litauen)

Dill, Petersilie, Schnittlauch, Bärlauch, Liebstöckel, Sauerampfer, Pimpinelle, Borretsch und Brunnenkresse findet man in vielen Bauerngärten oder in der freien Natur. Sie werden von der armen Landbevölkerung, die es dort immer schon gab, gesammelt und zur Zubereitung von Salatsaucen und anderen Gerichten genutzt.

1 Bund Kräuter
200 g Sahne
Zucker

Die Kräuter fein hacken. Mit der Sahne verrühren, mit Salz, Pfeffer und Zucker abschmecken.

Variante
Im Baltikum ist Sahne sehr fetthaltig und ähnelt Crème fraîche, daher als Empfehlung: 150 bis 200 g saure Sahne (10 Prozent Fett) mit 2 EL hochwertigem Öl – entweder kalt gepresstem Oliven- oder Sonnenblumenöl – vermischen.

Saure-Sahne-Dressing II
Hapukoorekaste II (Estland)
Ar krējumu II (Lettland)
Rūgščios grietinės padažas II (Litauen)

Den Kümmel im Mörser zerstoßen und in einer beschichteten Pfanne leicht erwärmen. Mit der Sahne verrühren, mit Salz, Pfeffer und Zucker abschmecken.

1 TL Kümmel
200 g Sahne
Zucker

Tipp
Im Baltikum ist es nicht üblich, den Kümmel zu erwärmen, aber so entfaltet er erst richtig sein Aroma. Und direkt warm mit der Sahne verrührt, werden die Aromastoffe besonders gut im Fett gebunden.

Saure-Sahne-Dressing III
Hapukoorekaste III (Estland)
Ar krējumu III (Lettland)
Rūgščios grietinės padažas III (Litauen)

Den Zucker mit Sahne und Zitronensaft verrühren, mit einer Prise Salz abschmecken.

1-2 EL Zucker
200 g Sahne
½ Zitrone (Saft)

Variante
In diesem süßen Dressing finden sich oft Kräuter wie Sauerampfer oder andere Wildkräuter, selten Dill und nie Schnittlauch.

Räucherströmlingpaste
Suitsuräimepasteet (Estland)
Kūpinātu reņģu pastēte (Lettland)

400 g geräucherte Strömlingfilets
150 g Salatgurke
1 Bund Dill
100 g saure Sahne

Die Strömlingsfilets häuten und mit einer Gabel zerdrücken. Die Gurke schälen, mit einem Löffel entkernen und fein würfeln. Den Dill sehr fein hacken. Alles in einer Schüssel mit saurer Sahne verrühren. Mit Pfeffer abschmecken.

Strömlinge sind sehr kleine Heringe. Man kann auch Makrele oder Heilbutt verwenden.

◆

Desserts
Magustoidud (Estland)
Saldie ēdieni (Lettland)
Desertas (Litauen)

◆

Wenn Nachtisch, dann einen aus Äpfel, Beeren oder Milch.
Viele der Gerichte wie Bier- oder Brotsuppe, die heute als Dessert gegessen werden, waren ein sommerliches Abendbrot aus Mangel an anderen Lebensmitteln.

Desserts

Fruchtsaftflammerie »Mädchenröte«
Roosa mannavaht (Estland)
Uzpūtenis (Lettland)
Vaisių sulčių pudingas »Merginos raudonis«
(Litauen)

Die Stärke mit etwa 6 EL Saft verrühren. In einem Topf den restlichen Saft zum Kochen bringen, die Stärke einrühren. Den Pudding unter Rühren mindestens 1 Minute kochen, nach Geschmack mit etwas Zimt oder Weihnachtsgewürz abschmecken.
Den Pudding in vier Portionsschälchen verteilen und erkalten lassen.
Dazu passt saure Sahne, die mit Zimt und Zucker abgeschmeckt ist. Vanillesauce ist im Baltikum ebenso beliebt. Natürlich lässt sich dieser Fruchtsaft auch mit Apfel- oder Birnensaft zubereiten, doch sind rote Säfte eher die Klassiker. Und natürlich wurden Säfte auch mit Grieß oder Sago angedickt.

40 g Speisestärke
500 ml roter Fruchtsaft (etwa Moosbeerensaft, roter Johannisbeersaft)
gemahlener Zimt oder auch Weihnachtsgewürz

Joghurtspeise
Jogurtikreem (Estland)
Jogurta krēms (Lettland)

Die Gelatineblätter in kaltem Wasser 10 Minuten quellen lassen. Ausdrücken und in einem Topf unter Rühren erwärmen. Den Joghurt mit dem Zucker und den Gewürzen verrühren. Die noch warme Gelatine unterrühren. Die Joghurtspeise auf vier kleine Förmchen verteilen.

6 Gelatineblätter
300 g Joghurt, saure Sahne oder Sahne
50 g Zucker
½ Vanilleschote (Mark)
1 Prise abgeriebene Zitronenschale

Vanilleflammerie
Bubert (Estland)
Vaniļas buberts (Lettland)
Vanilinis pudingas (Litauen)

für 6 Personen

40 g Speisestärke
500 ml Milch
½ Vanilleschote (Mark)
2 Eier
40 g Zucker

Die Stärke mit etwa 6 EL Milch verrühren. In einem Topf die restliche Milch mit dem Vanillemark zum Kochen bringen, die Stärke einrühren. Den Pudding unter Rühren mindestens 1 Minute kochen, dann etwas abkühlen lassen. Die Eier trennen. Die Eigelbe mit dem Zucker schaumig rühren und vorsichtig unter den lauwarmen Pudding rühren. Die Eiweiß steif schlagen und unter den fast kalten Pudding heben. Auf Dessertschalen verteilen.
Dazu werden im Sommer frische Beeren gereicht und im Winter roter Fruchtsaft bzw. Sirup.

Variante
Vanilleflammerie wird auch mit der doppelten Menge Milch zu Vanillesuppe gekocht. Der Eischnee wird dann nicht untergehoben, sondern in Tupfen auf die Suppe gesetzt. In Estland nennt man diese Eischneetupfer Schneebälle (*Lumepallid*) oder auch treibende Inseln (*Ujuvad saared*).

Desserts

Himbeercreme
Vaarikakreem (Estland)
Aveņu krēms (Lettland)
Aviečių kremas (Litauen)

Die Gelatineblätter in kaltem Wasser 10 Minuten quellen lassen. Die Himbeeren mit Zucker und Zitronensaft pürieren. Die Gelatine ausdrücken und in einem Topf unter Rühren erwärmen, nicht kochen.
In einer Schüssel Sahne und Joghurt cremig rühren. Das Himbeerpüree unterrühren, dann die noch warme Gelatine. Das Eiweiß steif schlagen und vorsichtig unterheben.
Die Himbeercreme in Dessertschalen füllen und bis zum Servieren kalt stellen.

für 6 Personen

6 Gelatineblätter
600 g Himbeeren (frisch oder tiefgekühlt)
150 g Zucker
2 TL Zitronensaft
300 g Sahne
300 g Joghurt
1 Eiweiß

Variante
Die Creme lässt sich ebenso mit anderen Beeren zubereiten. Ein Teil der Beeren kann auch unpüriert bleiben.

Trockenfrüchtekompott
Kuivatatud puuviljakompott (Estland)
Žāvētu augļu kompots (Lettland)
Džiovintų vaisių gėrimas (Litauen)

Dies war ein typisches Wintergericht in der Zeit, als noch viel Obst getrocknet wurde. Heute wird Kompott eher aus frischem oder tiefgekühltem Obst zubereitet.

50 g getrocknete Apfelringe
25 g getrocknete Pflaumen
25 g getrocknete Moos- oder Heidelbeeren
25 g Rosinen
1 ungespritzte Zitrone
50 g Zucker
¼ TL gemahlener Zimt

In einer Schüssel die Trockenfrüchte mit heißem Wasser übergießen und 30 Minuten – oder auch über Nacht – quellen lassen. Die Zitrone waschen, Zesten abreißen, die Zitrone halbieren und den Saft auspressen.
Die Trockenfrüchte mit 500 ml Wasser, Zesten und Zitronensaft, Zucker und Zimt aufkochen. Etwa 10 Minuten köcheln, bis das Obst weich ist.
Abkühlen lassen und mit Vanillepudding oder -suppe sowie Schlagsahne servieren.

Bratapfel
Küpsetatud õunad (Estland)
Cepti āboli (Lettland)

Das beste Marzipan in Estland wurde in Tallinn in der Apotheke am Rathaus (Raeapteek) hergestellt und verkauft. Heute ist die älteste noch erhaltene Apotheke der Welt (1422) ein Museum.

Die Äpfel waschen, abtrocknen und das Kerngehäuse mit einem Apfelstecher entfernen. Die Äpfel von innen mit Zitronensaft beträufeln, die Schale mehrfach mit einer Gabel einstechen. Den Ofen auf 180° C (Umluft 160° C) vorheizen.
Die Mandelstifte im Wechsel mit Marzipan und Zimt in die Äpfel füllen – mit Marzipan beginnen und abschließen. Die Äpfel in eine eingefettete Auflaufform setzen, mit je einer Prise Zimt bestreuen und ein Butterflöckchen daraufsetzen. Die Bratäpfel auf mittlerer Schiene 30 Minuten backen, bis sie weich sind.

4 Äpfel (etwa Boskop)
1 TL Zitronensaft
2 EL Mandelstifte
40 g Rohmarzipan
¼ TL gemahlener Zimt
5 g Butter

Apfel im Schlafrock
Õunad öökuues (Estland)

für 6-8 Personen

6-8 Äpfel (etwa Boskop)
30 g in Rum eingelegte Rosinen
30 g gehackte Haselnüsse
100 g Rohmarzipan

für den Teig:
300 g Mehl
½ Päckchen Backpulver
100 g Zucker
¼ TL gemahlener Zimt
7 EL Milch
7 EL Öl
150 g Magerquark

Für den Teig in einer Rührschüssel alle Zutaten mit den Knethaken eines Handrührgerätes vermengen. Mit den Händen zu einer Kugel kneten – sie sollte eine elastische Konsistenz haben. Den Teig zur Seite stellen.

Die Äpfel waschen, abtrocknen und das Kerngehäuse mit einem Apfelstecher entfernen. Die Äpfel mit Rosinen und Nüssen füllen, mit einem kleinen Stück Marzipan unten und oben verschließen. Den Ofen auf 160° C vorheizen.

Den Teig noch einmal durchkneten und auf einer bemehlten Arbeitsplatte dünn ausrollen. Einen Apfel daraufsetzen und mit einem Messer einen Kreis um den Apfel herum ausschneiden, der groß genug ist, um den Teig nach oben zu klappen und den Apfel ganz zu bedecken. Bei eventuellen Lücken den Teig etwas übereinanderziehen und gut andrücken. Mit allen Äpfeln und dem restlichen Teig auf gleiche Weise verfahren. Die Äpfel etwa 40 Minuten backen, bis der Teig eine goldbraune Farbe annimmt.

Tipp
Am besten schmecken Äpfel im Schlafrock, wenn sie noch warm in heißer Vanillesauce serviert werden.

Beerenbrotauflauf
Marjasaiavorm (Estland)
Maizes sacepums ar ogām (Lettland)
Uogų pudingas (Litauen)

Das Brot entrinden und würfeln. Die Milch erwärmen und die Brotwürfel darin einweichen. Die Rosinen mit Wasser kurz aufkochen, abtropfen lassen und abtrocknen. Die Nüsse grob hacken. Die Beeren verlesen und eventuell waschen. Die Brotmasse ausdrücken und mit Rosinen, Nüssen, saurer Sahne, 150 g Zucker, Zimt und zwei Eigelb vermischen.
Den Ofen auf 180° C vorheizen. Die Eiweiß steif schlagen und den restlichen Zucker einstreuen. Eine hohe Auflaufform mit Butter einfetten und mit Paniermehl ausstreuen. Teig und Beeren dachziegelartig bzw. in Reihen hineinschichten, die Eiweißmasse daraufgeben. Den Auflauf auf mittlerer Schiene 30 bis 40 Minuten backen.

für 8 Personen

500 g altbackenes Roggenbrot
250 ml Milch
150 g Rosinen
150 g Haselnüsse
500 g Mischung aus Heidel-, Moos-, Brom- und Himbeeren
125 g saure Sahne
200 g Zucker
gemahlener Zimt
2 Eier
Butter zum Einfetten
1-2 EL Paniermehl

Preiselbeerkompott
Pohlamarjakompott (Estland)
Brūklenu kompots (Lettland)
Brukniu̧ kompotas (Litauen)

40 g Speisestärke
500 g Preiselbeeren
125 g Zucker
gemahlener Zimt
1 TL abgeriebene Zitronenschale

Die Stärke mit etwa 6 EL Wasser verrühren. In einem Topf die Preiselbeeren mit einem Schuss Wasser, Zucker, einer Prise Zimt und der Zitronenschale zum Kochen bringen. Die Stärke einrühren und alles unter Rühren mindestens 1 Minute kochen.
Das Kompott auf vier Schälchen verteilen und erkalten lassen.
Dazu wird Vanillesauce gereicht oder auch Milch, Sahne oder geschlagene Sahne.

Varianten
Blaubeeren, Himbeeren, Wald- oder Gartenerdbeeren sind im Baltikum ebenso beliebt wie eine Mischung aus ihnen oder die Kombination von Erdbeeren und Rhabarber. Typisch baltische Beilagen sind saure Sahne, Sahne bzw. Crème fraîche.

Beeren mit Milch
Marjad piimaga (Estland)
Ogas ar pienu (Lettland)
Uogos su pienu (Litauen)

Im Sommer auch ein beliebtes Frühstück

500 g Beeren (Heidelbeeren, Wald- oder Gartenerdbeeren)
4 TL Zucker oder Honig
400 ml Milch

Die Beeren putzen, große Gartenerdbeeren halbieren.
Die Früchte auf vier Schälchen verteilen, je 1 TL Zucker darübergeben und mit der Milch übergießen.

Desserts

Biersuppe
Õllesupp (Estland)
Alus zupa (Lettland)

Diese Suppe ist nicht nur ein Dessert, sondern an kalten Wintertagen auch ein typisches Abendessen.

In einer Schüssel den Zucker und das Ei mit den Rührbesen eines Handrührgerätes zu einer schaumigen Masse schlagen. Langsam das Bier unterrühren. In einem Topf die Milch zum Kochen bringen. Den Topf vom Herd nehmen, die Bier-Mischung unterrühren und alles erneut erhitzen, aber nicht mehr kochen.
Mit Zimt abschmecken und auf vier tiefe Teller verteilen.

100 g Zucker
1 Ei
250 ml helles Bier
500 ml Milch
etwas gemahlener Zimt

Quarkspeise
Kamakohupiim jõhvikatega (Estland)

Den Quark mit der Milch verrühren, Kama und Zucker vermischen und unterheben. Zum Schluss den Moosbeerensirup unterrühren.

Tipp
Kama ist ein Mehl aus Hafer, Erbsen und verschiedenen Getreidesorten, das in Estland oder auch in Finnland unter dem Namen »Talkkuna« zu kaufen ist. Ein richtiges Ersatzprodukt gibt es nicht, doch als Alternative zu Kama kann man etwa 50 g blütenzarte Haferflocken unter die Quarkspeise rühren.
Statt Moosbeerensirup kann man auch die gleiche Menge Gelee oder Mus hinzufügen. Produkte auf Basis von Moosbeeren sind in Deutschland am besten in den Schwedenshops bei IKEA erhältlich.

500 g Quark
100 ml Milch
100 g Kama (siehe Tipp)
4-5 EL Zucker
100 ml Moosbeerensirup

Apfelsuppe
Õunasupp *(Estland)*
Ābolu zupa *(Lettland)*
Obuolių sriuba *(Litauen)*

3 Äpfel
1 ungespritzte Zitrone
100 g Zucker
1 Päckchen Vanillezucker
¼ TL gemahlener Zimt
100 g geschlagene Sahne

Die Äpfel schälen, vierteln, das Kerngehäuse entfernen und die Viertel in Scheiben schneiden. Mit 700 ml Wasser aufkochen. Die Zitrone waschen, Zesten abreißen, die Zitrone halbieren und den Saft auspressen. Zucker, Vanillezucker, Zimt, Zesten und Zitronensaft zu den Äpfeln geben. Alles 5 bis 10 Minuten köcheln, dann abkühlen lassen.
Auf vier tiefe Teller verteilen und mit je einem Klecks Sahne garnieren.

Varianten
Statt Schlagsahne wird Fruchtsuppe gerne mit Vanillepudding oder -suppe verfeinert. Auch werden häufig Grießklöße oder Reisbällchen in Fruchtsuppen serviert.
Beliebt sind nicht nur Apfelsuppen, ein Klassiker sind Fruchtsuppen aus Heidel- oder auch Holunderbeeren. Im Prinzip ist jedes heimische Obst möglich, von Beerenfrüchten über Rhabarber bis zu Sanddorn.

◆

Kuchen
Koogid (Estland)
Kūkas (Lettland)
Pyragas (Litauen)

◆

Apfelkuchen, Käsekuchen oder auch Biskuitrollen gehören im Baltikum zu dem Backwerk, das an keiner Kaffeetafel fehlen sollte.

Kuchen

Stachelbeerkuchen
Karusmarjakook (Estland)
Ērkšķogu kūka (Lettland)

Die Butter auf Zimmertemperatur bringen und mit den Schneebesen eines Rührgerätes cremig schlagen. Den Zucker unterrühren, die Mischung schaumig schlagen. Das Mehl sieben und mit Ei und Sahne unter die Masse kneten, sodass eine glatte Teigkugel entsteht.
Den Ofen auf 180° C vorheizen. Den Teig ausrollen und in eine Springform geben, dabei einen 2 cm hohen Rand formen. Im Ofen etwa 15 Minuten vorbacken.
Für die Füllung die Stachelbeeren waschen, trocken tupfen und auf dem vorgebackenen Teig verteilen. Im Ofen etwa 5 Minuten backen, bis die Stachelbeeren platzen. Währenddessen die Eigelbe mit dem Zucker schaumig rühren, Sahne und Mehl unterrühren. Die Masse gleichmäßig über die Beeren gießen und den Kuchen weitere 10 bis 15 Minuten backen, bis der Guss fest und trocken ist.

200 g Butter
100 g Zucker
300 g Mehl
1 Ei
50 g Sahne

für die Füllung:
500 g Stachelbeeren
4 Eigelb
3 EL Zucker
80 g Sahne
1 EL Mehl

Variante
Statt Stachelbeeren können auch rote Johannisbeeren verwendet werden.

Alexander-Torte
Aleksandrikook (Estland)
Aleksandra torte (Lettland)

Die Torte trägt ihren Namen zu Ehren des russischen Zars Alexander II., der auch im Baltikum beliebt war und als Befreier gesehen wurde. In seinen Regierungsjahren (1855-1881) hob er die Leibeigenschaft auf, führte wählbare Organe der örtlichen Selbstverwaltung ein, reformierte das Gerichtswesen und demokratisierte unter anderem das Bildungssystem.

Die Esten sagen über diese Torte, es sei die süßeste in ihrem Land und vermutlich auf der ganzen Welt. So findet man sie nicht nur in Form von zwölf oder 16 Tortenstücken, sondern auch in Würfel geschnitten. In solchen »Keksportionen« lässt sich der süße Kuchen leichter genießen.

1-2 Tage vorher beginnen

200 g Butter
100 g Zucker
300 g Mehl
1 TL abgeriebene Zitronenschale

für die Füllung:
200 g rote Marmelade oder Pflaumenmus

für den Guss:
200 g Puderzucker
2 TL Zitronensaft

Die Butter auf Zimmertemperatur bringen und mit den Schneebesen eines Rührgerätes cremig schlagen. Den Zucker unterrühren, die Mischung schaumig schlagen. Das Mehl sieben und mit der Zitronenschale unter die Masse kneten, sodass eine glatte Teigkugel entsteht. Den Teig in drei Teile aufteilen, dünn ausrollen und einzeln auf den Boden einer Springform auslegen. Den Ofen auf 180° C vorheizen und die Böden nacheinander auf mittlerer Schiene 10 bis 15 Minuten backen. Die Böden noch warm vom Blech lösen und auskühlen lassen.

Den unteren und mittleren Boden mit Marmelade bestreichen und die Böden aufeinandersetzen.

Für den Guss den Puderzucker sieben, Zitronensaft und 2 EL lauwarmes Wasser einrühren, sodass ein zähflüssiger Guss entsteht. Die Torte damit bestreichen und trocknen lassen. Den Kuchen am besten ein bis zwei Tage kühl (12° C) lagern, damit die Marmelade richtig durchziehen kann.

Varianten

Diese Torte gibt es auch mit leicht veränderten Rezepten, etwa indem in den Teig zwei Eier kommen oder er auf das Blech gestrichen wird. Auch sind Füllungen mit rotem Sirup und Sahne beliebt – dann heißt sie Lagentorte.

Gedeckter Apfelkuchen
Kaetud õunakook (Estland)
Pildīta ābolu kūka (Lettland)

Die Butter auf Zimmertemperatur bringen und mit den Schneebesen eines Rührgerätes cremig schlagen. Das Mehl sieben und mit einem Ei und Sahne unter die Masse kneten, sodass eine glatte Teigkugel entsteht.
Den Ofen auf 180° C vorheizen. Die Äpfel schälen, vierteln, das Kerngehäuse entfernen und die Viertel fein würfeln. Mit Zucker und Zimt vermengen.
Aus dem Teig zwei Platten rollen und die größere in eine Springform geben, dabei einen 4 cm hohen Rand formen. Die Apfelmasse in die Springform geben, mit der zweiten Teigplatte abdecken, die Ränder andrücken. Das zweite Ei verquirlen, den Teig damit bestreichen und mit etwas Zucker bestreuen.
Den Kuchen auf mittlerer Schiene etwa 40 Minuten backen.

250 g Butter
500 g Mehl
2 Eier
1 EL Sahne
8 Äpfel
250 g Zucker
1 TL gemahlener Zimt

Varianten

Statt der Äpfel können Sie auch die gleiche Menge Birnen oder 1 kg Pflaumen verwenden. Die Torte ist auch mit Rosinen, gehackten Nüssen oder Mandeln bekannt.

Apfelkuchen vom Blech
Plaadiõunakook (Estland)
Ābolu plātsmaize (Lettland)

500 g Mehl
1 Päckchen Trockenhefe (3,5 g)
100 g Zucker
100 g Butter
2 Eier
200 ml lauwarme Milch

für den Belag:
1 kg Äpfel
50 g Butter
50 g Zucker
etwas gemahlener Zimt
Puderzucker

Das Mehl in eine Schüssel sieben und eine Mulde hineindrücken. Die Hefe hineingeben. Den Zucker darüberstreuen. 1 TL Salz, die Butter und das Ei an den Rand der Schüssel geben. Die lauwarme Milch und 50 ml Wasser in und um die Mulde gießen. Mit den Knethaken eines Handrührgerätes oder einer Küchenmaschine alles zu einem glatten Teig verarbeiten. Mit einem Tuch bedeckt an einem warmen Ort gehen lassen, bis er sein Volumen fast verdoppelt hat.

Währenddessen für den Belag die Äpfel schälen, vierteln, das Kerngehäuse entfernen und die Viertel in dünne Scheiben schneiden. Den Ofen auf 180° C vorheizen.

Den Teig auf einer bemehlten Arbeitsfläche kräftig durchkneten. Ausrollen und auf ein eingefettetes und bemehltes Blech legen. Die Äpfel darauf verteilen. Die Butter zerlassen, die Äpfel damit bestreichen. Den Zucker mit dem Zimt mischen und darüber verteilen. Auf mittlerer Schiene etwa 30 Minuten backen.

Nach dem Abkühlen mit Puderzucker bestäuben.

Varianten

Auch in Lettland kennt man einen Eierguss wie beim Rhabarberkuchen (Seite 192) oder Streusel, wie sie bei uns beliebt sind. Dafür verwendet man 150 g Butter, 150 g Zucker, 200 g Mehl und natürlich Zimt. Das Ganze verknetet man mit den Händen und zerkrümelt den Teig zu Streuseln.

Statt Äpfel werden je nach Jahreszeit auch Kirschen, Pflaumen und Birnen verwendet.

Kuchen

Biskuitrolle mit Marmelade
Rullbiskviit marmelaadiga (Estland)

Biskuitrolle mit selbst gemachter Marmelade hat in Estland eine lange Tradition. Mit geschlagener Sahne ist sie eine Delikatesse aus alten Zeiten. Die folgende Variante ist eine moderne, gesundheitsbewusstere Abwandlung.

Den Ofen auf 200° C vorheizen. Zucker, Eier und 4 EL lauwarmes Wasser mit dem Schneebesen eines Handrührgerätes oder einer Küchenmaschine schaumig schlagen. Das Mehl sieben, mit dem Backpulver mischen und unterrühren. Den Teig auf einem mit Backpapier ausgelegten Blech gleichmäßig verteilen und auf mittlerer Schiene etwa 12 Minuten backen.
Die Biskuitplatte auf ein Geschirrtuch stürzen. Das Backpapier abziehen, den heißen Biskuit mit dem Tuch aufrollen und abkühlen lassen. Wird der Biskuit kalt, lässt er sich nicht mehr aufrollen und die Teigplatte bricht.
Die erkaltete Biskuitrolle wieder auseinanderrollen, mit der Marmelade bestreichen und aufrollen, dann kalt stellen.
Kurz vor dem Servieren mit Puderzucker bestäuben.

200 g Zucker
4 Eier
200 g Mehl
1 TL Backpulver
200 g Himbeer- oder Erdbeermarmelade
Puderzucker

Varianten
400 g Sahne mit 2 Päckchen Vanillezucker steif schlagen. Den Biskuit dünn mit Preiselbeerkompott (Seite 180) bestreichen, die Sahne darauf verteilen und den Biskuit wieder aufrollen.
300 g Waldbeeren putzen, 200 g Sahne steif schlagen, 5 g Gelatine auflösen. 250 g Quark mit der Sahne, den Beeren und 3 EL Zucker vermengen. Die Gelatine unterrühren und warten, bis die Masse fester wird, und halbfest die Rolle damit füllen. Die Rolle an einem kühlen Ort lagern, sodass die Füllung richtig fest wird und der Kuchen gut geschnitten werden kann.

Zitronenkranz
Sidrunikeeks (Estland)
Citronu kūka (Lettland)

400 g Butter
400 g Zucker
6 Eier
1 ungespritzte Zitrone (abgeriebene Schale und Saft)
400 g Mehl (Type 405)
1 TL Backpulver

für den Guss:
160 g Puderzucker
2 EL Zitronensaft

Die Butter mit dem Zucker zu einer cremigen Masse schlagen. Nacheinander die Eier unterrühren. Die Zitrone heiß abspülen und mit einer Reibe die Schale abraspeln. Die Zitrone halbieren und den Saft auspressen. Den Ofen auf 180° C (Umluft 160° C) vorheizen.
Das Mehl mit dem Backpulver mischen, sieben und esslöffelweise unter die Eier-Butter-Masse rühren. Zum Schluss Zitronenschale und -saft unterrühren.
Eine Springform mit Rohrbodeneinsatz einfetten und bemehlen. Den Teig hineingeben. Im vorgeheizten Ofen auf unterer Schiene etwa eine Stunde backen.
Den Kuchen herausnehmen, aus der Form lösen und auf einem Kuchengitter abkühlen lassen.
Für den Guss den Puderzucker sieben und mit dem Zitronensaft anrühren. Den Zitronenkuchen damit bestreichen und fest werden lassen.

Varianten
Man kann noch 1 bis 2 EL Sahne unter den Kuchenteig geben, Rosinen untermischen oder Mandelaroma statt Zitrone verwenden. Einen Orangenkuchen erhält man, wenn die Zitrone durch eine Orange ersetzt wird.

Käsekuchen
Kohupiimakook (Estland)

Das Mehl mit dem Backpulver auf eine Arbeitsfläche sieben und eine Mulde hineindrücken. 125 g Butter in Flöckchen schneiden und beifügen. 70 g Zucker und ein Ei in die Mulde geben und alles schnell zu einem Mürbeteig verkneten. Den Teig in Frischhaltefolie wickeln und 30 Minuten in den Kühlschrank legen.
Den Ofen auf 200° C vorheizen. Mit der Hälfte des Teigs den Boden einer Springform (24 cm Durchmesser) auslegen, aus dem restlichen Teig den Rand formen. Im Ofen etwa 20 Minuten backen. Währenddessen die restliche Butter mit drei Eiern und dem restlichen Zucker schaumig schlagen. Quark und Sahne unterrühren, das Puddingpulver unterziehen.
Die Käsemasse auf den vorgebackenen Teig geben. Die Hitze auf 180° C reduzieren und den Käsekuchen 50 Minuten backen.

250 g Mehl
1 TL Backpulver
175 g weiche Butter
250 g Zucker
4 Eier
750 g Magerquark
500 g saure Sahne
2 Päckchen Vanillepuddingpulver

Rhabarberkuchen
Rabarberikook (Estland)
Rabarberu plātsmaize (Lettland)
Rabarbarų pyragas (Litauen)

Rhabarber ist in Estland sehr beliebt. Er wächst in allen Gärten und hat keine großen Ansprüche an Sonne und Boden. Da das Gemüse als erstes im Frühsommer geerntet wird, wird dieser Kuchen vorwiegend von Ende Mai bis Juni mit frischem Rhabarber aus dem eigenen Garten gebacken.

300 g Mehl
½ Päckchen Trockenhefe (3,5 g)
50 g Zucker
1 Ei
⅛ l lauwarme Milch

für den Belag:
1½ kg Rhabarber

für den Guss:
6 Eier
100 g Zucker
1 Päckchen Vanillezucker
50 g Speisestärke

Das Mehl in eine Schüssel sieben und eine Mulde hineindrücken. Die Hefe hineingeben. Den Zucker darüberstreuen. Das Ei und etwas Salz an den Rand der Schüssel geben.
Die lauwarme Milch in und um die Mulde gießen. Mit den Knethaken eines Handrührgerätes oder einer Küchenmaschine alles zu einem glatten Teig verarbeiten. Mit einem Tuch bedeckt an einem warmen Ort gehen lassen, bis er sein Volumen fast verdoppelt hat.
Währenddessen für den Belag den Rhabarber waschen, trocknen und in 2 cm lange Stücke schneiden. Für den Guss die Eier mit Zucker und Vanillezucker schaumig rühren, die Stärke einrühren. Den Ofen auf 180° C vorheizen.
Den Teig auf einer bemehlten Arbeitsfläche kräftig durchkneten, ausrollen und auf ein eingefettetes und bemehltes Blech legen. Den Rhabarber darauf verteilen. Den Guss auf dem ungebackenen Kuchen gleichmäßig verteilen und dabei glatt streichen.
Auf mittlerer Schiene etwa 40 Minuten backen.

Geburtstags- oder Festtagsbrezel
Sünnipäevakringel (Estland)
Dzimšanas dienas vai svētku kliņģeris (Lettland)
Gimtadienio ar šventiniai riestainiai (Litauen)

Dies Gebäck wurde früher traditionell zu Geburtstagen gebacken. Die Brezel ist ein Symbol mit vielen Bedeutungen, in diesem Fall ist sie nicht mehr und nicht weniger als ein Glücksbringer für das Geburtstagskind. Statt der Brezel formen manche auch eine Acht.

Die Rosinen heiß waschen und auf einem Tuch abtropfen lassen. In einem kleinen Topf die Butter zerlassen.
Das Mehl in eine Schüssel sieben und eine Mulde hineindrücken. Die Hefe und dicht daneben den Zucker hineingeben. Die Eigelbe, eine Prise Salz, eine Prise Safran und die Butter an den Rand der Schüssel geben.
Die lauwarme Milch in und um die Mulde gießen. Mit den Knethaken eines Handrührgerätes oder einer Küchenmaschine alles zu einem glatten Teig verarbeiten, bis er Blasen wirft.
Die Rosinen und die Hälfte der Mandeln unter den Teig arbeiten. Mit einem Tuch bedeckt etwa 40 Minuten gehen lassen, bis er sein Volumen fast verdoppelt hat.
Den Ofen auf 180° C vorheizen. Den Teig gut durchkneten, zu einer dicken Rolle formen und diese in Form einer Brezel auf ein gefettetes und bemehltes Backblech setzen. Das Ei aufschlagen und verquirlen, die Brezel damit bestreichen und mit den restlichen Mandeln bestreuen. Auf mittlerer Schiene etwa 50 Minuten backen.
Auf ein Kuchengitter stürzen, abkühlen lassen und mit dem Puderzucker bestäuben. Noch lauwarm servieren.

mindestens 2 Stunden früher beginnen
für 12 Stück

200 g Rosinen
350 g Butter
1 kg Mehl
2 Päckchen Trockenhefe (7 g)
250 g Zucker
8 Eigelb
Safran
400 ml lauwarme Milch
120 g gehackte Mandeln
1 Ei
2 EL Puderzucker

Osterkranz
Ülestõusmispühadepärg (Estland)
Velykų vainikas (Litauen)

400 g Mehl
½ Päckchen Trockenhefe
50 g Zucker
1 Päckchen Vanillezucker
4 EL Öl
200 ml Milch

für die Füllung:
150 g Mandelblätter
100 g Zucker
150 g Rohmarzipan

2 EL Apfelgelee zum Bestreichen

Das Mehl in eine Schüssel sieben und eine Mulde hineindrücken. Die Hefe und dicht daneben Zucker und Vanillezucker hineingeben. Öl und eine Prise Salz an den Rand der Schüssel geben.
Die lauwarme Milch in und um die Mulde gießen. Mit den Knethaken eines Handrührgerätes oder einer Küchenmaschine alles zu einem glatten Teig verarbeiten, bis er Blasen wirft. Mit einem Tuch bedeckt etwa 40 Minuten gehen lassen, bis er sein Volumen fast verdoppelt hat.
Für die Füllung Mandeln, Zucker und Marzipan gut verkneten. Den Ofen auf 180° C vorheizen.
Den Teig gut durchkneten, rechteckig ausrollen, am besten so dünn wie möglich oder zumindest auf ein Maß von 40 x 50 cm. Mit Gelee bestreichen. In der mittleren Hälfte des Teiges bis zu den Querseiten die Füllung möglichst gleichmäßig verteilen. Dann den Teig mittig von den Längsseiten zusammenfalten und von der Längsseite her aufrollen. Die Rolle zu einem Kreis formen und ihn mehrmals ringsum tief mit einem Messer einschneiden, sodass die Teigstücke in der Mitte noch verbunden sind. Der Kranz kann von oben mit der Spitze eines Küchenmessers mehrmals tief eingeschnitten werden, so entsteht ein typisches Muster. Auf ein Blech legen und auf mittlerer Schiene etwa 35 Minuten backen.
Auskühlen lassen. Den Apfelgelee mit 2 EL lauwarmem Wasser glatt rühren und den Teig damit bestreichen.

Variante
Der Kranz kann vor dem Backen noch mit Hagelzucker, Nuss- oder Mandelstückchen, verschiedenen Kernen, Zuckerstreuseln sowie

Streuselkuchenstreuseln bestreut werden. Auch Rosinen oder Apfelstückchen gehören in die Füllung.
Statt der Mandel-Marzipan-Füllung ist auch die mit Mohn beliebt. Sie besteht aus 30 g Grieß, 15 g Speisestärke, 250 g gemahlenem Mohn, 4 EL Zucker, 40 g Butter, 125 g Honig, 1 EL Rum, 50 g Haferflocken und 50 g Rosinen. 250 ml Wasser mit dem Grieß aufkochen, vom Herd nehmen und den Mohn zugeben. Die Stärke mit Zucker und 70 ml Wasser anrühren, mit der Mohnmasse vermengen. Die anderen Zutaten nach und nach unterrühren bzw. -kneten.

Litauische Weihnachtskekse
Kūčiukai (Litauen)

Diese Kekse sind ein typischer Heiligabend-Nachtisch in Litauen. Sie werden mit Mohnmilch serviert.

Die Butter zerlassen. Das Mehl in eine Schüssel sieben und eine Mulde hineindrücken. Die Hefe und dicht daneben den Zucker hineingeben. Die Eigelbe, etwas Salz, Safran und geschmolzene Butter an den Rand der Schüssel geben. Die lauwarme Milch in und um die Mulde gießen. Mit den Knethaken eines Handrührgerätes oder einer Küchenmaschine alles zu einem glatten Teig verarbeiten, bis er Blasen wirft. Den Mohn einarbeiten. Den Teig mit einem Tuch bedeckt etwa 40 Minuten gehen lassen, bis er sein Volumen fast verdoppelt hat.
Den Ofen auf 180° C vorheizen. Den Teig gut durchkneten, zu 1 cm dicken Rollen formen und diese in 1 cm kurze Stücke schneiden. Auf ein gefettetes und bemehltes Backblech setzen. Auf mittlerer Schiene etwa 12 Minuten backen und dann auf ein Kuchengitter stürzen.

50 g Butter
500 g Mehl
1 Päckchen Trockenhefe (7 g)
80 g Zucker
2 Eigelbe
1 Prise Safran
250 ml lauwarme Milch
2 EL Mohn

Äste/Zweige
Žagariņi (Lettland)
Žagarėliai (Litauen)

mindestens 4 Stunden vorher beginnen

2 Eier
30 g Vanillezucker
500 g Mehl
250 g Sahne
20 ml Rum
Öl zum Frittieren
2 EL Puderzucker

In einer Rührschüssel die Eier und den Vanillezucker schaumig schlagen, bis die Masse dicklich und zitronengelb ist. Mehl, eine Prise Salz, Sahne und Rum unterrühren. Den Teig drei bis vier Stunden in den Kühlschrank stellen.
In einer Fritteuse das Fett erhitzen. Den Teig sehr dünn ausrollen und mit einem welligen Teigrädchen in 10 cm lange und 2 cm breite Streifen (»Äste«) schneiden. Portionsweise ausbacken, zum Entfetten auf Küchenpapier legen und ausgekühlt mit Puderzucker bestreuen.

Weicher Honigkuchen
Pehme meekook (Estland)
Mīkstā medus kūka (Lettland)
Minkštas meduolis (Litauen)

In einem Topf den Honig mit Zucker und Butter bei schwacher Hitze schmelzen, in eine Rührschüssel geben und kalt stellen. Eier, Lebkuchengewürz, Orangenschale und Zimt mit den Besen eines Handrührgerätes auf höchster Stufe unter die Honigmasse rühren.
Das Mehl mit Backpulver mischen und mit dem Handrührgerät auf mittlerer Stufe abwechselnd mit der Sahne unter die Honigmasse rühren. Zitronat und Orangeat sehr fein hacken und mit den Haselnüssen unter den Teig heben. Den Ofen auf 180° C (Umluft 160° C) vorheizen.
Den Teig auf einem mit Backpapier ausgelegten Blech gleichmäßig verteilen. Die Belegkirschen vierteln. Mit Lineal und Messer auf dem Teig 5 x 5 cm große Stücke markieren, mit Mandelstiften und Belegkirschen garnieren.
Das Eiweiß mit 1 EL Wasser verquirlen und den Teig damit bestreichen. Auf mittlerer Schiene etwa 30 Minuten backen.

für etwa 60 Stück

350 g Honig
120 g Zucker
200 g Butter
2 Eier
1 EL Lebkuchengewürz
1 TL abgeriebene Orangenschale
2 TL gemahlener Zimt
500 g Mehl
1 Päckchen Backpulver
150 g Sahne
150 g Zitronat
100 g Orangeat
100 g gehackte Haselnusskerne
30 g Belegkirschen
100 g Mandelstifte
1 Eiweiß

Honigkuchenpilze
Meekook seened (Estland)
Meduoliai grybeliai (Litauen)

für 20 Stück

250 g Honig
250 g Zucker
50 g Butter
2 Eier
500 g Mehl
1 Päckchen Backpulver
1 EL Lebkuchengewürz
2 EL Sahne

für die Glasur:
1 Eiweiß
250 g Puderzucker
½ Zitrone (Saft)
1 TL Kakaopulver

In einem Topf den Honig mit Zucker und Butter bei schwacher Hitze schmelzen, in eine Rührschüssel geben und kalt stellen. Die Eier mit den Besen eines Handrührgerätes auf höchster Stufe unter die Honigmasse rühren.
Das Mehl mit Backpulver und Lebkuchengewürz mischen und mit dem Handrührgerät auf mittlerer Stufe abwechselnd mit der Sahne unter die Honigmasse rühren. Den Ofen auf 180° C (Umluft 160° C) vorheizen.
Die Hälfte des Teigs zu 20 walnussgroßen Pilzköpfen formen und auf ein mit Backpapier ausgelegtes Blech setzen. Aus dem restlichen Teig 20 Stiele formen und aufs Blech setzen. Auf mittlerer Schiene etwa 25 Minuten backen, dann auskühlen lassen.
Für die Glasur das Eiweiß steif schlagen und den Puderzucker einstreuen. Zitronensaft unterheben und unter ein Drittel der Glasur die Kakaomasse rühren.
Mit dem weißen Guss die Pilze zusammenkleben sowie Stiel und Unterseite der Pilzkappen bestreichen. Mit dem braunen Guss die Oberseite der Kappen bestreichen. Trocknen lassen und in einer Trommel verschließen.

Variante
Statt mit kakaogefärbtem Guss werden die Pilzkappen manchmal auch mit Mohn bestreut.

◆

Brot
Leib (Estland)
Maize (Lettland)
Duona (Litauen)

◆

Dunkles Roggenbrot wird im ganzen Baltikum bevorzugt gegessen. Dabei handelt es sich um ein Sauerteigbrot aus fein gemahlenem Roggenvollkornmehl, das reichlich mit Kümmel gewürzt ist.

Dunkles Roggenbrot
Must rukkileib (Estland)
Tumšā rudzu maize (Lettland)
Juopda ruginė duona (Litauen)

Die Hälfte des Mehls in eine Rührschüssel geben und eine Mulde hineindrücken. Den Sauerteigansatz und 1 l warmes Wassers hineingeben. Mit den Knethaken einer Küchenmaschine alles zu einem geschmeidigen Teig verkneten. An einem warmen Ort etwa 14 Stunden fermentieren lassen, bis er sein Volumen verdreifacht hat.
Am nächsten Tag erneut durchkneten, das restliche Mehl und Salz unterkneten. Zu einem länglichen Brotlaib formen und unter einem sauberen Tuch erneut drei Stunden gehen lassen.
Den Ofen auf 200° C (Umluft 180° C) vorheizen und eine kleine feuerfeste Form mit etwas Wasser auf den Boden des Ofens stellen. Den Brotlaib auf ein mit Backpapier ausgelegtes Blech setzen, die Oberfläche des Teigs mit etwas Wasser bestreichen. Auf mittlerer Schiene etwa zwei Stunden backen. Auf einem Rost auskühlen lassen.

am Vortag beginnen

3 kg grob gemahlenes Roggenvollkornmehl
Sauerteigansatz (siehe Tipp)

Tipp
Um den Sauerteigansatz zu erstellen, 500 g Roggenmehl mit 1 Würfel Hefe (50 g) und 1 l lauwarmem Wasser verrühren und an einem warmen Ort mit einem Tuch bedeckt 24 Stunden fermentieren lassen.

Roggenbrot mit Kümmel
Rukkileib köömnetega (Estland)
Rudzu maize ar ķimenēm (Lettland)
Plikyta ruginė duona (Litauen)

am Vortag beginnen

2 kg Roggenmehl
Sauerteigansatz (Seite 201)
50 g Kümmel

In einer Schüssel ein Drittel des Mehls mit 1½ l heißem Wasser überbrühen und vermengen. Mit einem Tuch bedecken und an einem warmen Ort ruhen lassen. Eine Mulde hineindrücken, den Sauerteigansatz und warmes Wasser hineingeben. Mit den Knethaken einer Küchenmaschine alles zu einem geschmeidigen Teig verarbeiten. An einem warmen Ort etwa 14 Stunden fermentieren lassen, bis er sein Volumen verdreifacht hat.

Am nächsten Tag erneut durchkneten, das restliche Mehl, Kümmel und Salz unterkneten. Zu zwei länglichen Brotlaiben formen und unter einem sauberen Tuch erneut sechs Stunden gehen lassen.

Den Ofen auf 200° C (Umluft 180° C) vorheizen und eine kleine feuerfeste Form mit etwas Wasser auf den Boden des Ofens stellen. Den Brotlaib auf ein mit Backpapier ausgelegtes Blech setzen, die Oberfläche des Teigs mit etwas Wasser bestreichen. Auf mittlerer Schiene etwa zwei Stunden backen. Auf einem Rost auskühlen lassen.

Roggenbrot mit Hefe und Buttermilch
Rukkileib pärmi ja hapupiimage (Estland)
Rudzu maize ar raugu un paniņām (Lettland)
Ruginė duona su mielėmis ir pasukomis
(Litauen)

Die Buttermilch erwärmen. Die Hefe mit dem Zucker darin auflösen und etwa 15 Minuten stehen lassen. Die Hälfte des Mehls unterheben und gut verkneten. Mit einem Tuch bedeckt an einem warmen Ort etwa eine Stunde gehen lassen. Erneut durchkneten, das restliche Mehl, Kümmel und Salz unterkneten. Zu zwei länglichen Brotlaiben formen und unter einem sauberen Tuch erneut gehen lassen.
Den Ofen auf 200° C (Umluft 180° C) vorheizen und eine kleine feuerfeste Form mit etwas Wasser auf den Boden des Ofens stellen. Den Brotlaib auf ein mit Backpapier ausgelegtes Blech setzen, die Oberfläche des Teigs mit etwas Bier bestreichen. Auf mittlerer Schiene etwa zwei Stunden backen. Auf einem Rost auskühlen lassen.

1 l Buttermilch
1 Würfel Hefe (50 g)
3 TL Zucker
2,5 kg Roggenmehl
50 g Kümmel
125 ml Bier

Gerstenbrötchen
Odrajahukarask (Estland)

am Vortag beginnen

10 g Hefe
50 g Zucker
1 kg grob gemahlenes Gerstenmehl

750 ml Wasser erwärmen. Die Hefe mit dem Zucker darin auflösen und etwa 15 Minuten stehen lassen. Die Hälfte des Mehls unterheben und gut verkneten. Mit einem Tuch bedeckt an einem warmen Ort über Nacht gehen lassen.
Am nächsten Tag erneut durchkneten, das restliche Mehl und 2 TL Salz unterkneten. Zu ovalen Brötchen formen und unter einem sauberen Tuch erneut gehen lassen.
Den Ofen auf 200° C (Umluft 180° C) vorheizen und eine kleine feuerfeste Form mit etwas Wasser auf den Boden des Ofens stellen. Die Brötchen auf ein mit Backpapier ausgelegtes Blech setzen und auf mittlerer Schiene etwa 30 Minuten backen. Auf einem Rost auskühlen lassen.
Diese Brötchen isst man an Festtagen statt Brot. Frisch aus dem Ofen schmecken sie am besten.

Varianten
Man kann auch zwei bis drei gekochte und zerstampfte Kartoffeln unter den Teig geben und statt Wasser Milch verwenden.

◆

Getränke
Joogid (Estland)
Dzērieni (Lettland)
Gėrimai (Litauen)

◆

Wer Durst hatte, trank Wasser, und wer Glück hatte, ein Glas Milch. Bier und andere Getränke gab es früher nur zu besonderen Anlässen und wurden vom Hausherrn selbst gebraut.

Getränke

Mohnmilch
Mooniseemnepiim (Estland)
Aguonų pienas (Litauen)

Die Mohnmilch hat einen weißlichen Grundton und trägt daher diesen Namen, auch wenn das Rezept keine Milch enthält.

Den Mohn in einer Mohnmühle mahlen. 1 l Wasser erhitzen, über den Mohn gießen, den Zucker einrühren.
Mohnmilch wird typischerweise zu litauischen Weihnachtskeksen (Seite 195) gereicht, aber auch unter Haferschleim und in süße Suppen gerührt.

200 g Mohn
125 g Zucker

Honigbier
Meeõlu (Estland)
Medalus (Lettland)
Midus (Litauen)

1 l Wasser aufkochen, den Honig einrühren, auf Zimmertemperatur abkühlen lassen. Mit Zitronensaft abschmecken und die Hefekultur einrühren. Das Honigbier in Flaschen füllen und zwei bis drei Tage kühl lagern. Bilden sich Gase (Kohlensäure), ist das Honigbier gegoren und trinkfertig.

für 6 Gläser

250 g Honig
1 Zitrone (Saft)
5 g Hefe

Kwass
Kali (Estland)
Kvass (Lettland)
Gira (Litauen)

für 6 Gläser

150 g altbackenes Roggenbrot
2 EL Zucker
1 Zitrone (Saft)
5 g Hefe

Das Roggenbrot würfeln und im Ofen rösten, bis es leicht getoastet ist. 1 l Wasser aufkochen, über das Brot gießen und zugedeckt drei bis vier Stunden ziehen lassen.
Die Flüssigkeit durch ein Sieb gießen, noch einmal aufkochen und auf Zimmertemperatur abkühlen lassen. Mit Zucker und Zitronensaft abschmecken, die Hefekultur einrühren. In Flaschen füllen und zwei bis drei Tage kühl lagern.

Varianten
Kwass gibt es auch auf Basis von Roggenmehl, Hafermehl und anderen Mehlsorten sowie unter Zugabe von Buttermilch. Je mehr Zucker bzw. Honig enthalten ist, umso schneller und stärker läuft die Gärung ab. Die Zugabe von Gewürzen wie Kümmel, Zimt oder Gewürznelken ist ebenfalls weit verbreitet.

Birkenwasser
Kasemahl (Estland)
Bērzu sula (Lettland)

Im Frühling, kurz bevor die Birken ausschlagen, bohrt man in den Stamm einer älteren Birke ein fingerdickes Loch. Dort hinein steckt man einen Ast, in den man oben eine Rinne eingekerbt hat. Darunter stellt man ein Auffangbehältnis.
Den aufgefangenen Birkensaft durch ein Leinentuch oder spezielles Filterpapier filtern. Pro Flasche eine Rosine und 1 EL Zucker hineingeben, mit dem gereinigten Birkensaft randvoll füllen. Die Flasche verkorken und den Korken verbinden. Im Keller oder Kühlschrank liegend sechs bis acht Wochen aufbewahren.

1 Birke
Rosinen
Zucker

Tipp
Der Birkensaft fängt an zu moussieren, daher muss der Korken wirklich fest sitzen.

Moosbeerengetränk
Jõhvikajook (Estland)
Dzērveņu dzēriens (Lettland)

für 6 Gläser

200 g Moosbeeren
100 g Zucker
1 Zitrone (Saft)

Die Moosbeeren waschen, verlesen und in einem Sieb abtropfen lassen. In ein Gefäß geben und mit einem Holzmörser zerstampfen. Den Saft abgießen, die Moosbeeren mit 1 l Wasser zum Kochen bringen und 5 Minuten köcheln. Die Moosbeeren mit der Flüssigkeit durch ein Haarsieb geben, den Saft auffangen. Mit Zucker süßen und mit Zitronensaft abschmecken, auskühlen lassen und in den Kühlschrank stellen. Kühlschrankkalt oder mit Eiswürfeln servieren.

Varianten
Der Saft wird auch mit anderen Beerenfrüchten zubereitet. Beliebt sind Johannis- und Himbeeren, aber auch Stachelbeeren, Erdbeeren und Rhabarber.

Kümmel-Tee
Köömnetee (Estland)
Ķimeņu tēja (Lettland)
Kmynų arbata (Litauen)

Kümmel-Tee – als ein Beispiel für die im Baltikum beliebten Heiltees – wird vor allem bei Bauchschmerzen empfohlen. Zu den Heiltees aus Großmutters Zeiten gehören aber auch Lindenblütentee gegen Fieber sowie Thymiantee bei Erkältung und Heiserkeit.

für 1 Tasse

1 EL Kümmel
Zucker oder Honig
zum Süßen

In einem Topf 1 Tasse Wasser (200 ml) mit dem Kümmel zum Kochen bringen und etwa 5 Minuten köcheln. Etwas abkühlen lassen und den Kümmeltee durch ein Sieb gießen. Je nach Geschmack mit Zucker oder Honig süßen.

Quittenlimonade
Limonaad küdooniast (Estland)
Cidoniju limonāde (Lettland)

Die Quitten waschen und in Scheiben schneiden. Die Kiefernnadeln unter fließend kaltem Wasser abspülen. 1 l Wasser zum Kochen bringen, Quitten und Kiefernnadeln etwa 1 Minute kochen. Der Topf vom Herd nehmen, die Flüssigkeit drei Stunden ziehen lassen, dann durch ein Haarsieb geben. Ein weiteres Mal aufkochen, den Zucker einstreuen, auskühlen lassen und in den Kühlschrank stellen.
Kühlschrankkalt oder mit Eiswürfeln servieren.

150 g Quitten
30 g junge Kiefernnadeln
100 g Zucker

Im Baltikum gibt es auch reine Kiefernnadellimonade, aber das Rezept ist recht heftig. Wer das Getränk nicht gewohnt ist und einen empfindlichen Magen hat, sollte vorsichtig sein.

Rote-Beten-Getränk
Punase peedi jook (Estland)
Sarkano biešu dzēriens (Lettland)
Burokėlių gėrimas (Litauen)

Die Roten Beten waschen, schälen und in hauchdünne Scheiben schneiden. Die Scheiben in einen Tontopf oder ein Einmachglas legen. 1 l Wasser aufkochen, wieder abkühlen lassen und über die Roten Beten gießen. Den Essig einrühren. Mit einem Mulltuch den Topf oder das Glas verschließen und an einem warmen Ort säuern lassen. Die Flüssigkeit abgießen und kalt stellen.

für 6 Gläser

500 g Rote Beten
1 TL Essig

Variante
Das Rote-Beten-Getränk wird oft gesüßt oder auch mit frisch ausgepresstem Möhrensaft vermengt.

Eichelkaffee
Kohvi tammetõrudest (Estland)
Gilių kava (Litauen)

250 g Eicheln
1 l Milch
Sahne oder Milch
Zucker oder Honig
  zum Süßen

Die gesammelten Eicheln mehrere Tage bei Zimmertemperatur trocknen lassen. Die braune Schale lösen, indem man sie mit einem kleinen Küchenmesser aufritzt. Die Eichelsamen in der Milch erhitzen und etwa 45 Minuten köcheln, bis sie weich sind. Die Milch abgießen und die Eicheln trocknen. In einer Pfanne rösten und mit einem Pürierstab zermahlen.
1 EL Eichelmehl mit 1 Tasse Wasser aufkochen und etwa 3 Minuten kochen. In eine Tasse sieben und je nach Geschmack mit Sahne oder Milch weißen. Mit Zucker oder Honig süßen.

Möhrenkaffee
Porgandikohvi (Estland)
Burkānu kafija (Lettland)
Morkų kava (Litauen)

500 g Möhren
250 ml süße Sahne
Zucker oder Honig
  zum Süßen

Die Möhren schaben und grob raspeln. Auf ein Backblech legen und bei 80° C trocknen – sie sollten braun werden, aber nicht verbrennen. 1 l Wasser zum Kochen bringen und die Möhrenraspel etwa 5 Minuten kochen. Den Topf vom Herd nehmen und das Ganze ziehen lassen, bis sich das Wasser braun gefärbt hat. Den noch heißen Möhrenkaffee in Tassen sieben. Mit der Sahne weißen und nach Geschmack mit Zucker oder Honig süßen.

Glühwein
Hõõgvein (Estland)
Karstvīns (Lettland)

Glühwein auf Rotweinbasis ist heute auch im Baltikum weit verbreitet, doch Rotwein war ein Privileg der Reichen, und so wurde aus roten Früchten wie Johannisbeeren, Erdbeeren und Himbeeren ein Wein hergestellt und dieser im Winter erwärmt. Heute ist es umgekehrt: Wer roten Früchtewein probieren möchte, muss tief in die Tasche greifen.

Den Wein mit allen Zutaten erhitzen, aber nicht kochen, nach Geschmack mit Honig süßen. Auf Gläser verteilen und heiß servieren.

Variante
Sie können ebenso rote Beerensäfte untermischen oder Mandeln oder Rosinen einstreuen. Auch im Baltikum mischen die ganz Hartgesottenen gerne etwas Rum oder Wodka unter ihren Glühwein, doch sollte man dessen Wirkung nicht unterschätzen.

für 6 Gläser

750 ml Rotwein
2 Zimtstangen
4 Gewürznelken
1 Kardamomkapsel
2 Koriandersamen
1 Sternanis
1 Zitrone oder Orange (Saft)
eventuell etwas Honig

Rezeptregister

Ābolu pankūkas 60
Ābolu plātsmaize 188
Ābolu salāti ar dažādiem
  dārzeņiem 84
Ābolu zupa 182
Aguonų pienas 207
Agurkų salotos 88
Ahjukartulid 106
Ahju-larutulipannkoogid 121
Ahjus küpsetatud seakarbonaad 131
Ahjus küpsetatud sink 132
Aleksandra torte 186
Aleksandrikook 186
Alexander-Torte 186
Alus zupa 181
Apfel im Schlafrock 178
Apfelkuchen, gedeckt 187
Apfelkuchen vom Blech 188
Apfelpfannkuchen 60
Apfelsalat in Kombination mit
  verschiedenem Gemüse 84
Apfelsuppe 182
Ar krējumu I 168
Ar krējumu II 169
Ar krējumu III 169
Äste/Zweige 196
Auf Kohle gegrillter Hering 158
Aveņu krēms 175
Aviečių kremas 175
Barščiai su grybais 48
Bauernfrühstück 67
Bechamelkartoffeln mit Rührei 111
Beeren mit Milch 180
Beerenbrotauflauf 179
Bērzu sula 209
Biersuppe 181
Biezenis ar lielām pupām 112
Biezenis ar skābiem kāpostiem 113
Birkenwasser 209
Biskuitrolle mit Marmelade 189
Blutwurst mit Sauerkraut 134
Blyneliai 59

Blyneliai su obuoliais 60
Brachse, gekocht, mit Meerret-
  tichsauce 153
Bratapfel 177
Brathering in Marinade 155
Bratstint in Marinade 155
Brennnesselsuppe 52
Brotsuppe 55
Brūkleņu kompots 180
Bruknių kompotas 180
Bubert 174
Buchweizenpfannkuchen mit
  Speck 65
Bulvės Bešamelio padaže su plakta
  kiaušiniene 111
Bulvės su lašiniukais 106
Bulvės su lupenomis 105
Bulvės su sviestu ir kiaušiniais 105
Bulvinė kiunkė su žirniais 112
Bulvinės bandelės 121
Bulviniai blynai 119
Bulviniai blynai su mielėmis 120
Bulviniai blynai užplikyti pienu 120
Bulviniai vėdarai 121
Bulvinių kukuliukų sriuba 53
Bulvių ir grybų apkepas 108
Bulvių ir maltos mėsos apkepas 109
Bulvių ir silkų apkepas 110
Bulvių plokštainis su kiauliena 115
Bulvių plokštainis su spirgučiais 114
Bulvių plokštainis su varške 116
Bulvių salotos su grybais 90
Bulvių sriuba su džiovintais
  grybais 51
Burkānu kafija 212
Burkānu pankūkas 64
Burokėlių gėrimas 211
Burokėlių salotos 85
Cepelinai 117
Cepta salaka marinādē 155
Cepta siļķe marinādē 155
Ceptas aknas 139

Ceptas salakas 151
Ceptas sarkanās bietes 96
Ceptas sēnes 95
Cepti āboli 177
Cepti nēģi 162
Cepts panēts ķirbis 99
Cibulynė 55
Cidoniju limonāde 211
Čiolakas 165
Citronu kūka 190
Cūkas gaļas karbonāde 130
Cūkas kājiņas ar skābiem
  kāpostiem 130
Cūkas stilbs alū 129
Cūkgaļa paniņās 127
Cūkgaļas gulašs ar sēnēm 133
Cūkgaļas ribiņas ar mārrutku
  mērci 126
Didžkukuliai 117
Dilgelių sriuba 52
Dünne Pfannkuchen 59
Dunkles Roggenbrot 201
Duonos sriuba 55
Dzērveņu dzēriens 210
Dzimšanas dienas vai svētku
  kliņģeris 193
Džiovintų vaisių gėrimas 176
Eichelkaffee 212
Eingelegte Gurken 97
Eingelegte Kübisstückchen 98
Eingelegte Pilze 96
Eingelegte Rote Beten 98
Entenbraten 146
Entenschmalz 148
Erbsen-Kartoffel-Püree 112
Erbsensuppe 46
Ērkšķogu kūka 185
Falscher Hase 135
Fisch in Milch 157
Fischsülze 159
Fischsuppe 54
Fleischklopse 135
Fruchtsaftflammerie
  »Mädchenröte« 173
Gänsebraten 147

Gänseschmalz 148
Gaļas salāti ar sēnēm 90
Gaļas sitenis 135
Gebackene Kartoffeln 106
Gebratene Leber 139
Gebratene Neunaugen 162
Gebratene Pilze 95
Gebratene Rote Beten 96
Gebratene Schleien 152
Gebratene Stinte 151
Geburtstags- oder Festtagsbrezel 193
Gedeckter Apfelkuchen 187
Gedünstetes Sauerkraut 101
Gefüllte Ofenkartoffeln 107
Gefüllter Hecht 160
Gefüllter Kalbsschulterbraten 142
Gehackte Heringe mit saurer
  Sahne 92
Gekochte Brachse mit Meerret-
  tichsauce 153
Gekochte Krebse 161
Geriebener Kartoffelkuchen 113
Gerstenbrötchen 204
Gesalzenes Kabeljaurückenfilet 158
Geschmorte Kartoffeln mit Äpfeln
  und Backpflaumen 107
Gilių kava 212
Gimtadienio ar šventiniai
  riestainiai 193
Gira 208
Glühwein 213
Gratinēti kartupeļi ar siļķi 122
Gratinierte Kartoffeln mit
  Hering 122
Graue Erbsen mit Speck 125
Grikainiai 65
Grybų salotos 88
Grybų sriuba 49
Grybų sriuba su lašiniukais 50
Gurken, eingelegt 97
Gurkensalat 88
Gurķu salāti 88
Gūžinės salotos su lašiniais 81
Gūžinės salotos 81
Hackfleischfüllung 117

Hakklihapallid 135
Hane/pardirasv 148
Hanepraad 147
Hapu kartulikaste 167
Hapukapsaborš 45
Hapukapsad 101
Hapukapsa-oa-salat 87
Hapukapsasalat 87
Hapukapsasupp 45
Hapukoorekaste 166
Hapukoorekaste I 168
Hapukoorekaste II 169
Hapukoorekaste III 169
Hapukurgid 97
Hapuoblikasupp 51
Hautatud kartulid pekiga õunte ja ploomidega 107
Hecht, gefüllt 160
Heeringas hapukoorekastmes 92
Hefe-Kartoffel-Pfannkuchen 120
Hefeteig für Piroggen (Grundrezept) 71
Hefeteig-Pfannkuchen 66
Hering, auf Kohle gegrillt 158
Heringe, gehackt, mit saurer Sahne 92
Heringsfüllung 118
Heringssalat mit Roten Beten 91
Hering-Zwiebel-Suppe 55
Herne-kartulipuder 112
Herned pekiga 125
Hernesupp 46
Herringa-sibula supp 55
Herringarullid 157
Himbeercreme 175
Honigbier 207
Honigkuchenpilze 198
Hõõgvein 213
Hühnerfrikassee mit Kapern 145
Įdaryta lydeka 160
Jautienos vyniotiniai 138
Joghurtspeise 173
Jogurta krēms 173
Jogurtikreem 173
Jõhvikajook 210

Juopda ruginė duona 201
Juurviljasalat 83
Kabeljaurückenfilet, gesalzen 158
Käsekuchen 191
Kaetud õunakook 187
Kala piimas 157
Kala-piimasupp 41
Kalasült 159
Kalasupp 54
Kalbfleisch in Aspik 141
Kalbsschulterbraten, gefüllt 142
Kalbstopf mit Apfel und Pflaume 140
Kali 208
Kalte Rote-Beten-Suppe 47
Kamakohupiim jõhvikatega 181
Kaninchenbraten 144
Kāpostu tīteņi 137
Kapsarullid 137
Karstvīns 213
Kartoffelauflauf mit Pilzen 108
Kartoffel-Hackfleisch-Auflauf 109
Kartoffel-Hering-Auflauf 110
Kartoffelklöße 117
Kartoffelkuchen mit Quark 116
Kartoffelkuchen mit Schweinefleisch 115
Kartoffelkuchen mit Speck 114
Kartoffeln, gebacken 106
Kartoffeln, geschmort, mit Äpfeln und Backpflaumen 107
Kartoffeln, gratiniert, mit Hering 122
Kartoffeln mit Butter und Eiern 105
Kartoffeln mit Speck 106
Kartoffelpfannkuchen aus dem Ofen 121
Kartoffelpuffer 119
Kartoffelpuffer mit Milch 120
Kartoffelpüree mit dicken Bohnen 112
Kartoffelpüree mit Sauerkraut 113
Kartoffelsalat mit Pilzen 90
Kartoffel-Sauerkraut-Topf 114

Kartoffelsuppe mit getrockneten
  Pilzen 51
Kartoffelwurst 121
Kartul või ja munaga 105
Kartulid pekiga 106
Kartuli-hakklihavormiroog 109
Kartuli-heeringavormiroog 110
Kartulikaste maitserohelisega 165
Kartulikook kohupiimaga 116
Kartulikook pekiga 114
Kartulikook sealihaga 115
Kartulipuder hapukapsastega 113
Kartulipuder põldubadega 112
Kartulisalat seentega 90
Kartulisupp kuivatatud seentega 51
Kartulivormiroog seentega 108
Kartupeļi ar mizu 105
Kartupeļi ar olu kulteni un mērci 111
Kartupeļi ar speķi 106
Kartupeļi ar sviestu un olām 105
Kartupeļu pudiņš 119
Kartupeļu pudiņš ar biezpienu 116
Kartupeļu pudiņš ar cūkgaļu 115
Kartupeļu pudiņš ar pienu 120
Kartupeļu pudiņš ar speķi 114
Kartupeļu sacepums ar sēnēm 108
Kartupeļu un maltās gaļas
  sacepums 109
Kartupeļu un siļķes sacepums 110
Kartupeļu un skābu kāpostu
  podiņš 114
Kartupeļu zupa ar kaltētām
  sēnēm 51
Karusmarjakook 185
Karutuli-hapukapsa pajatoit 114
Karutulikotlet 119
Karutulikotlet piimaga 120
Kasemahl 209
Keedetud vähjad 161
Keetetud latikas mädarõika-
  kastmes 153
Kepta antis 146
Kepta žąsiena 147
Keptas lynas 152
Kepti grybai 95

Keptos bulvės 106
Keptos bulvės su užleistu
  kiaušiniu 67
Keptos kepenys 139
Kergelt soolatud tursfilee 158
Kiaulės koja su raugintais
  kopūstais 130
Kiauliena, virta rūgusiame piene 127
Kiaulienos karka aluje 129
Kiaulienos muštinis
  (karbonadas) 130
Ķimeņu desiņas 128
Ķimeņu tēja 210
Ķirbju salāti 86
Kirsch-Milch-Suppe 41
Kirschkaltschale 56
Kirsi-piimasupp 41
Ķiršu ķīselis 56
Ķiršu-piena zupa 41
Kiunkė su pupomis 112
Kiunkė su raugintais kopūstais 113
Kmynų arbata 210
Kmynų dešrelės 128
Kohlrouladen 137
Kohupiimakook 191
Kohvi tammetõrudest 212
Koldūnai 136
Köömnetee 210
Köömnevorstikesed 128
Koorega katulid 105
Kopfsalat 81
Kopfsalat mit Speck 81
Kõvitsasalat 86
Krāsnī cepta cūkas gaļas
  karbonāde 131
Krāsnī ceptas kartupeļu
  pankūkas 121
Krāsnī cepti kartupeļi 106
Kräuter-Kartoffel-Sauce 165
Kräuterkartoffeln 110
Krebse, gekocht 161
Kübisstückchen, eingelegt 98
Kučiukai 195
Kugelis 113
Kuivatatud puuviljakompott 176

Kümmel-Tee 210
Kümmelwürstchen 128
Kūpinātu reņģu pastēte 170
Küpsetatud õunad 177
Kürbis, paniert 99
Kürbissalat 86
Küülikupraad 144
Kurgisalat 88
Kvass 208
Kwass 208
Lachs mit saurer Sahne 152
Lambalihaguljašš seentaga 143
Lammgulasch mit Gemüse 143
Lapu salāti 81
Lapu salāti at speķi 81
Lašinukų padažas 165
Lasis ar skābu krējumu 152
Leber, gebraten 139
Lehesalat 81
Lehesalat pekiga 81
Leivasupp 55
Liellopu gaļas veltnīši 138
Limonaad küdooniast 211
Litauische Weihnachtskekse 195
Lõhe hapukoorekastmes 152
Loomaliharullid 138
Maizes sacepums ar ogām 179
Maizes zupa 55
Maltiniai 135
Marineeritud räimed 154
Marineeritud seened 96
Marineeteritud kõrvits 98
Marineeteritud peedid 98
Marinētas sarkanās bietes 98
Marinētas sēnes 96
Marinēti gurķi 97
Marinēti ķirbju gabaliņi 98
Marinierte Stinte 154
Marinuota kepta didstintė 155
Marinuota kepta lydeka 155
Marinuoti agurkai 97
Marinuoti grybai 96
Marinuoti moliūgo gabaliukai 98
Marinuoti raudonieji burokėliai 98
Marjad piimaga 180

Marjasaiavorm 179
Mazsālīta mencas fileja 158
Medalus 207
Meduoliai grybeliai 198
Meekook seened 198
Meeõlu 207
Mėsa įdarytos bulvės 107
Midus 207
Mieliniai blynai 66
Mīkstā medus kūka 197
Milchsuppe mit Fisch 41
Milchsuppe mit Gemüse 42
Milchsuppe mit Pilzen 42
Milchsuppe mit Reis 43
Minkštas meduolis 197
Möhrenkaffee 212
Möhrenpfannkuchen 64
Mohnmilch 207
Moliūgo salotos 86
Mooniseemnepiim 207
Moosbeerengetränk 210
Morkų kava 212
Mulgikapsad 102
Munapuder 68
Must rukkileib 201
Mutinys 56
Nātru zupa 52
Neunaugen, gebraten 162
Nõgesesupp 52
Obolių salotos su įvairiomis daržovėmis 84
Obuolių sriuba 182
Odrajahukarask 204
Ofenkartoffeln, gefüllt 107
Ogas ar pienu 180
Õlles hautud seakoot 129
Õllesupp 181
Olu kultenis 68
Orkaitėje keptas kiaulienos muštinis (karbonadas) 131
Osterkranz 194
Õunad öökuues 178
Õunasalat mitme erineva köögivilja variatsioonidega 84
Õunasupp 182

Paks krsikissell 56
Paneeritud seened 95
Panierte Pilze 95
Panierter Kürbis 99
Pannikoogid hakklihatäidisega 63
Pannikoogid kohupiimatäidisega 61
Pardipraad 146
Pärmitaigen pirukate jaoks 71
Pärmitaignast pannikoogid 66
Paskrudintos bulvės su silke 122
Patermesas 167
Peedisupp 48
Pehme meekook 197
Pekikaste 165
Pelēkie zirņi ar speķi 125
Pelemeenid 136
Pellkartoffeln 105
Pelmeni 136
Pfannkuchen, dünne 59
Pfannkuchen mit Hackfüllung 63
Pfannkuchen mit Pilzfüllung 62
Pfannkuchen mit Quarkfüllung 61
Piena zupa ar dārzeņiem 42
Piena zupa ar sēnēm 42
Piena zupa ar zivīm 41
Pieniška grybų sriuba 42
Piimasupp aedviljaga 42
Piimasupp klimpidega 44
Piimasupp rissiga 43
Piimasupp seentega 42
Pikkpoiss ehk hakkliharull ehk valejänes 135
Pildīta ābolu kūka 187
Pildīta līdaka 160
Pildītās pankūkas ar biezpienu 61
Pildītās pankūkas ar malto gaļu 63
Pildītās pankūkas ar sēnēm 62
Pildīti krāsnī cepti kartupeļi 107
Pildīts teļa gaļas pleca cepetis 142
Pīles cepetis 146
Pilze, eingelegt 96
Pilze, gebraten 95
Pilze, paniert 95
Pilzfüllung 118
Pilzsalat 88

Pilzsuppe 49
Pilzsuppe mit Speckwürfeln 50
Pīrāgi ar burkāniem 75
Pīrāgi ar gaļu 73
Pīrāgi ar kāpostiem 78
Pīrāgi ar lasi 77
Pīrāgi ar malto gaļu 73
Pīrāgi ar sēnēm 74
Pīrāgi ar speķi 74
Piroggen mit Fleischfüllung 73
Piroggen mit Hackfleischfüllung 73
Piroggen mit Kohl 78
Piroggen mit Lachs 77
Piroggen mit Möhren 75
Piroggen mit Pilzen 74
Piroggen mit Reis 76
Piroggen mit Speck 74
Pirukad hakklihatäidisega 73
Pirukad kapsatäidisega 78
Pirukad lihatäidisega 73
Pirukad lõhetäidisega 77
Pirukad poranditäidisega 75
Pirukad riisitäidisega 76
Pirukad seenetäidisega 74
Pirukad singitäidisega 74
Plaadiõunakook 188
Plakta kiaušinienė 68
Plānās pankūkas 59
Plikyta ruginė duona 202
Pohlamarjakompott 180
Pomidorų salotos 82
Porgandikohvi 212
Porganipannikoogid 64
Praeheeringas marinaadis 155
Praeräim marinaadis 155
Praetud kaalikas 100
Praetud linask 152
Praetud maks 139
Praetud punane peet 96
Praetud räimed 151
Praetud seened 95
Preiselbeerkompott 180
Punane kaste 166
Punase peedi jook 211
Punase peedi salat 85

Punase peedi supp seenetga 48
Pyragėliai su grybais 74
Pyragėliai su kopūstais 78
Pyragėliai su lašiniasis 74
Pyragėliai su lašiša 77
Pyragėliai su maltos mėsos įdaru 73
Pyragėliai su mėsos įdaru 73
Pyragėliai su morkomis 75
Pyragėlių mielinė tešla (pagrindinis rezeptas) 71
Quarkfüllung 118
Quarkspeise 181
Quittenlimonade 211
Rabarbarų pyragas 192
Rabarberikook 192
Rabarberu plātsmaize 192
Rāceņu šnicele 100
Räucherströmlingpaste 170
Rauga kartupeļu pankūkas 120
Rauga mīkla pīrāgiem (pamatrecepte) 71
Rauga pankūkas 66
Raugintų kopūstų ir pupelių salotos 87
Raugintų kopūstų salotos 87
Raugintų kopūstų sriuba 45
Rhabarberkuchen 192
Rigaer Kartoffelsalat 89
Rīgas gaļas salāti (Vistas gaļas salāti) 89
Riivitud kartulikook 113
Rinderrouladen 138
Rīvētu kartupeļu pudiņš 113
Roggenbrot mit Hefe und Buttermilch 203
Roggenbrot mit Kümmel 202
Rollmops 157
Rolmopši 157
Roosa mannavaht 173
Rosolje 91
Rote Beten, eingelegt 98
Rote Beten, gebraten 96
Rote Sauce 166
Rote-Beten-Getränk 211
Rote-Beten-Salat 85

Rote-Beten-Suppe, kalte 47
Rote-Beten-Suppe, saure 48
Rote-Beten-Suppe mit Pilzen 48
Rudzu maize ar ķimenēm 202
Rudzu maize ar raugu un paniņām 203
Rührei 68
Ruginė duona su mielėmis ir pasukomis 203
Rūgščios grietinės padažas 166
Rūgščios grietinės padažas I 168
Rūgščios grietinės padažas II 169
Rūgščios grietinės padažas III 169
Rūgšti barščių sriuba 48
Rūgštūs barščiai 45
Rūgštynių sriuba 51
Rukkileib köömnetega 202
Rukkileib pärmi ja hapupiimage 203
Rullbiskviit marmelaadiga 189
Šakniavaisių salotos 83
Sakņu salāti 83
Sālīta salaka 156
Sālīta siļķe 156
Šaltibarščiai 47
Šaltsriubė 56
Salzhering 156
Salzstint 156
Sarkano biešu dzēriens 211
Sarkano biešu salāti 85
Sarkano biešu zupa 48
Sauerampfersuppe 51
Sauerkohl-Borschtsch 45
Sauerkraut, gedünstet 101
Sauerkraut mit Graupen 102
Sauerkraut-Bohnen-Salat 87
Sauerkrautsalat 87
Sauerkrautsuppe 45
Saure Rote-Beten-Suppe 48
Saurer Kartoffeldip 167
Saure-Sahne-Dip 166
Saure-Sahne-Dressing I 168
Saure-Sahne-Dressing II 169
Saure-Sahne-Dressing III 169
Sautēti skābi kāposti 101

Schinkenbraten 132
Schinkenfüllung 118
Schleien, gebraten 152
Schweinefleisch in Buttermilch 127
Schweinegulasch mit Pilzen 133
Schweinekotelett 130
Schweinekotelett aus dem
    Backofen 131
Schweinepfötchen mit
    Sauerkraut 130
Schweinerippchen mit Meerret-
    tichsauce 126
Schweinshaxe in Bier 129
Seaguljašš seentaga 133
Seajalad hapukapsaga 130
Seakarbonaad 130
Searibid mädarõikakastmes 126
Seenepannikoogid 62
Seenesalat 88
Seenesupp 49
Seenesupp pekitükikestega 50
Seleriju kotletes 99
Selilha hapupiimas 127
Sellerieklopse 99
Sellerikotletid 99
Sēņu salāti 88
Sēņu šnicele 95
Sēņu zupa 49
Sēņu zupa ar speķa gabaļņiem 50
Sibula-hapukoorekaste 167
Sidrunikeeks 190
Silgud 156
Siļķes gabaliņi ar skābu krējumu 92
Skāba kartupeļu mērce (ar skābu
    krējumu) 167
Skāba krējuma mērce 166
Skāba krējuma un sīpolu mērce 167
Skābeņu zupa 51
Skābu kāposta zupa 45
Skābu kāpostu salāti 87
Skābu kāpostu un pupiņu salāti 87
Šķiņķa cepetis 132
Šmotalas 166
Sommerliche Brotsuppe 56
Specksauce 165

Speķa mērce 165
Stachelbeerkuchen 185
Steckrübenschnitzel 100
Stinte, gebraten 151
Stinte, mariniert 154
Sünnipäevakringel 193
Sütel küpsetatud heeringas 158
Suitsuräimepasteet 170
Suppe mit Kartoffelklößen 53
Suppe mit Mehlklößchen 44
Suvine leivasup 56
Svogūnų-grietinės padažas 167
Täidetud ahjukartulid 107
Täidetud haug 160
Talupoja eine 67
Tatrapaakoogid pekiga 65
Teļa gaļas galerts 141
Teļa gaļas podiņš ar āboliem un
    plūmēm 140
Tomatensalat 82
Tomatisalat 82
Tomātu salāti 82
Triušienos kepsnys 144
Trockenfrüchtekompott 176
Troškė 110
Troškė su raugintais kopūstais 114
Troškinta aviena su daržovėmis 143
Troškinta kiauliena su grybais 133
Troškinta veršiena su obuoliais ir
    slyvomis 140
Troškinti rauginti kopūstai 101
Troškintos bulvės su obuoliais ir
    keptomis slyvomis 107
Truša cepetis 144
Tumšā rudzu maize 201
Üleküpsetatud karutulivorm
    heeringaga 122
Ülepannikoogid 59
Ülepannikoogid õuntega 60
Ülestõusmispühadepärg 194
Uogos su pienu 180
Uogų pudingas 179
Uz oglēm cepta siļķe 158
Uzpūtenis 173
Vaarikakreem 175

Vaisių sulčių pudingas »Merginos raudonis« 173
Vaniļas buberts 174
Vanilinis pudingas 174
Vanilleflammerie 174
Vārīti brekši ar mārrutku mērci 153
Vārīti vēži 161
Vasaras maizes zupa 56
Vasikalihast ühepajatoit õunte ja ploomidega 140
Vasikalihasült 141
Vasikapraad täidsega 142
Velykų vainikas 194
Verivorstid hapukapsaga 134
Viltotais zaķis 135
Virtas karšis su krienų padažu 153
Vištienos frikasė (su kapariais) 145
Viti vėžiai 161
Vyšnių šaltsriubė 41
Weicher Honigkuchen 197
Wurzelsalat 83

Žagarėliai 196
Žagariņi 196
Žąsienos arba antienos spirgučiai 148
Žāvētu augļu kompots 176
Zemnieku brokastis 67
Zeppelins 117
Žirnių sriuba 46
Zirņu katupeļu biezenis 112
Zirņu zupa 46
Zitronenkranz 190
Zivju zupa 54
Zivs galerts 159
Zivs pienā 157
Zoss cepetis 147
Zosu att. pīļu tauki 148
Žuvienė 54
Žuvies šaltiena 159
Žuvis virta piene 157
Zwiebel-Saure-Sahne-Dip 167

Stichwortregister

Die Seitenangaben verweisen auf Rezepte, in denen diese Zutat eine wichtige Rolle spielt.

Äpfel 60, 83-87, 89, 91, 101, 139, 140, 146, 147, 176-178, 182, 187, 188
Anchovisfilets 138
Aprikosen 132
Bauchspeck 160
Bier 129, 181, 203
Birnen 187
Beeren 56
Beinscheibe 51
Blaubeeren 60, 180
Blutwurst 134
Bockwürstchen 76
Bohnen 112
Bohnenkerne 87
Brachsen 152, 153
Bratenreste 73
Brennnessel 52
Brombeeren 179
Brühwurst 67
Eicheln 212
Ente 146, 148
Erbsen 42, 101, 112, 125
Erdbeeren 180, 210
Essiggurken 67, 89, 91, 92, 97, 138, 157
Fisch 54
Fischfilet 157, 159
Flusskrebse 161
Forelle 151
Gans 147, 148
Gerstengraupen 45, 51, 102
Hackfleisch 63, 73, 78, 117, 136
Haselnüsse 75, 178, 179, 197
Hecht 160
Heidelbeeren 176, 179, 180
Hering 55, 66, 155-158
Heringsfilets 92, 110, 118, 122, 154
Himbeeren 175, 179, 180, 210
Johannisbeeren 185, 210

Kirschen 41, 56, 197
Kabeljau 41, 158
Kalbfleisch 140
Kalbsbrust 141
Kalbsfuß 141
Kalbsschulter 142
Kaninchen 144
Karpfen 152
Kiefernnadeln 211
Knackwürstchen 45
Knollensellerie 84, 143
Kohl 78, 83
Kohlrabi 143
Kopfsalat 81
Kürbis 64, 86, 98, 99
Lachsfilet 77, 152
Lammgulasch 143
Marzipan 177, 178, 194
Matjesfilet 89, 91
Möhren 42, 44, 45, 48, 50-52, 54, 64, 75, 83, 87, 101, 119, 127, 141, 143, 144, 153, 154, 157, 159, 212
Mohn 195, 198, 207
Moosbeeren 60, 87, 176, 179, 210
Neunaugen 89, 162
Pfifferlinge 90
Pflaumen 176, 187
Pilze 42, 49, 50, 62, 74, 88, 95, 96, 115, 118, 133, 160
Porree 77, 83, 84, 86, 87, 101, 125, 127, 144, 157
Preiselbeeren 180
Quitten 211
Radieschen 83
Reis 43, 76, 137
Rhabarber 180, 188, 192, 210
Rinderhackfleisch 137
Rinderleber 139
Rinderrouladen 138

Rote Bete 45, 47, 48, 83, 85, 89, 91, 96, 98, 166, 211
Rotkohl 84
Rübe 98
Salatgurke 47, 88, 92, 170
Salzhering 89
Sardellen 135
Sauerampfer 61
Sauerkirschen 56
Sauerkraut 45, 86, 87, 113, 114, 131, 134
Schinken 48, 132
Schleie 152
Scholle 151
Schwarzwurzeln 143
Schweinebraten 89
Schweinefleisch 46
Schweinegulasch 115, 127, 133
Schweinehackfleisch 73, 107, 109, 128, 135, 137
Schweinekoteletts 130, 131
Schweineleber 139
Schweinenacken 45
Schweinepfötchen 130
Schweinerippe 126
Schweinshaxen 129
Sellerie 41, 99, 101, 127, 141, 144, 153, 159
Speck 42, 45, 50-52, 63, 65, 67, 74, 78, 81, 86, 88, 102, 106, 107, 111-114, 116, 118, 121, 125, 138, 142, 144, 165
Stachelbeeren 185, 210
Steckrübe 83, 100
Steinpilze 48, 51, 108, 109
Stinte 151, 154-156
Strömlingsfilet 170
Suppenfleisch 44
Suppenhuhn 145
Trockenpflaumen 140
Weißkohl 84, 137